OS 7 CAMINHOS PARA CRIAR UMA PODEROSA
FORÇA DE VENDAS HUMANA

Um livro único, com a experiência de dois respeitados dirigentes de vendas no país e no exterior.

• OS 7 CAMINHOS QUE LEVAM AO SUCESSO •

• CONHEÇA OS PROCESSOS GERENCIAIS
E MENTAIS QUE REALIZAM VENDAS •

• COMO ATUAR E LIDERAR VENDAS EM
GRANDES, MÉDIAS E PEQUENAS EMPRESAS •

Copyright© 2019 by Literare Books International.
Todos os direitos desta edição são reservados à Literare Books International.

Presidente:
Mauricio Sita

Criação da capa:
Biomarketing Consultoria e Agência

Diretor de arte:
Bruno Biazzon

Diagramação:
Paulo Gallian

Revisão:
Frank de Oliveira

Diretora de projetos:
Gleide Santos

Diretora de operações:
Alessandra Ksenhuck

Diretora executiva:
Julyana Rosa

Relacionamento com o cliente:
Claudia Pires

Dados Internacionais de Catalogação na Publicação (CIP)
(eDOC BRASIL, Belo Horizonte/MG)

T266s   Tejon, José Luiz.
      Os 7 caminhos para criar uma poderosa força de vendas humana / José Luiz Tejon, Edílson Lopes. – São Paulo (SP): Literare Books International, 2019.
      16x23 cm.

      ISBN 978-85-9455-180-1

      1. Sucesso nos negócios. 2. Vendas. I. Lopes, Edílson. II. Título.

CDD 658.85

Elaborado por Maurício Amormino Júnior – CRB6/2422

Impressão:
Gráfica ANS

Literare Books International Ltda
Rua Antônio Augusto Covello, 472 – Vila Mariana – São Paulo, SP
CEP 01550-060
Fone/fax: (0**11) 2659-0968
site: www.literarebooks.com.br
e-mail: contato@literarebooks.com.br

Peter Drucker escreveu: "O *marketing* nos garante clientes, a inovação a sobrevivência". E nós podemos acrescentar: "Vendas a realização dos dois anteriores".

Dedicamos este livro aos líderes de vendas, aos que desenvolvem a autoliderança, e os que se guiarão pelos valores éticos do longo prazo, os fazendo presentes nos meios para obter resultados também a curtíssimo prazo.

Não trair o futuro jamais, sem nunca abandonar o presente.

Agradecimentos

Às extraordinárias pessoas com quem trabalhamos e estudamos, e que nos ensinaram as suas sabedorias.

Nuno Ferreira de Souza (*in memoriam*), CEO da OESP mídia (grupo do jornal O Estado de S. Paulo), que nos permitiu as mais profundas experiências na profissão de vendas e liderança.

À Isadora Rodrigues, pela colaboração editorial.

Prefácio

Prefaciar a presente obra é uma honra e, ao mesmo tempo, um desafio, haja vista os autores já serem muito conhecidos e muito bem conceituados. Certamente, então, a ênfase que se dá é em seu conteúdo.

José Luiz Tejon Megido e Edílson Lopes, autores de diversos livros, palestrantes e consultores de renome, conhecem vendas profundamente. Especialistas que são nessa palpitante atividade, forjados pelo trabalho desenvolvido por eles na área em diversos segmentos, inclusive no exterior, são mestres que conhecem as técnicas tradicionais e também a aplicação de modernas tecnologias.

Livro voltado, principalmente, a líderes de equipes de vendas, mas também àqueles que têm esta aspiração, não é por acaso que o seu próprio título carrega a expressão "força de vendas humana".

Isso já proporciona uma afinidade com a nossa empresa, Lojas CEM, que atua há mais de 60 anos no varejo de móveis, eletrodomésticos e eletrônicos. Temos a consciência de que a sua principal força está – e não vejo como possa deixar de estar – no caráter humano de seus funcionários, cuja face mais visível e imediatamente percebida pelo público é formada pela parte do elenco diretamente ligada às vendas. De humanos que vendem para humanos! De gente para gente!

De nossa origem em uma pequena oficina de bicicletas, tivemos que aprender, e continuamos aprendendo, a superar as dificuldades que permanentemente se apresentam. Sabemos, portanto, que ao longo do tempo são vitais mudanças e ajustes adaptativos. E constante é o desafio de não se perderem os melhores momentos para as suas implementações.

Porém, algumas coisas não mudam e, já nas primeiras páginas do livro, encontra-se algo que, hoje em dia, pode parecer fora de moda para muitos, mas que continua e continuará a definir o que consideramos um dos mais importantes traços da cultura de uma empresa: antes de querer a lealdade dos clientes, seja leal a eles.

Os autores não deixam de chamar a atenção para a necessidade da empresa toda ter consciência da importância das vendas, fazendo com que os colaboradores dos outros departamentos também se sintam vendedores, a fim de fornecer suporte para essa vital atividade, não à toa marcada pela expressão: "pré-vendas e pós-vendas". Assim como não deixam de lembrar que a equipe de vendas também deve dar valor a todas as etapas de trabalho que ajudam a tornar possível a realização dos seus objetivos.

Os "sete caminhos" nos apresentam úteis lições que abordam desde aspectos mais técnicos, como métricas, metas, relatórios e uso de novas tecnologias, até aspectos mais "humanos", como encorajamento, relacionamento entre o líder e membros da equipe.

Recrutamento e seleção também são destacados. Naturalmente, de pessoas certas nos lugares certos depende o sucesso na arte de vender.

Inspirar líderes para inspirarem e orientarem as suas equipes. É isso que os autores pretendem, apontando caminhos para se ter vendedores eficazes, ou seja, uma poderosa força de vendas humana.

Weber Dalla Vecchia
Diretor das Lojas CEM

Sumário

Introdução **13**

ALAVANCA 19
O PRIMEIRO CAMINHO

Três exemplos de alavancas: Seu Manoel, Procter & Gamble e Lojas CEM 22
Compreendendo o mundo que nos cerca do lado de dentro 26
    Cultura e estratégia empresariais..26
    Estruturação da força de vendas..28
    Processos..28
    Responsabilidades individuais 29
O mundo do lado de fora: o que demanda?...30
Cuide da base de dados da empresa: hora do *Big Data* 31
    Base de dados de clientes 32
    Base de dados de não clientes..32

MENSURAÇÃO 35
O SEGUNDO CAMINHO

A história do menino e a corrida de bicicletas..35
Informatização, controle e facilitação das vendas..38
Como administrar seu tempo de forma eficaz..44
A qualidade da vigilância é parte da mensuração...49

ENCORAJAMENTO 53
O TERCEIRO CAMINHO

Aumente o conhecimento da equipe 54
Dirigir a força de vendas humana é ensinar e encorajar o tempo inteiro.........55
    Passos da venda..57
    Técnica da solução do obstáculo 63
    Técnica da pausa...64
    Uma história curiosa sobre fechamento de vendas 64

Técnica do *balanced score reasons to buy* 66
Um curioso hábito 68
Admitir e promover *vs* demover e demitir. 69
   Amigos e relações amorosas 69
   Admissão de novos vendedores 71
   Promoções 73
   Demissões 74

REALIZAÇÃO 81
O QUARTO CAMINHO

Treinamento dos vendedores e rota diária 81
Vendedores medianos 84
   Campo 86
   Extracampo 86
Plano de vendas 89
Como se ganha e como se perde dinheiro na empresa 94
   Venda sustentável 94
   Custos 95
   Remuneração da força de vendas 96
Seja rápido em demitir os que não têm potencial 97
   Faixa 3 98
   Faixa 2 98
   Faixa 1 99
Acompanhamento a campo dos vendedores 100
   Os três Hs em vendas 103

INCLUSÃO 105
O QUINTO CAMINHO

Pague a comissão olho no olho 105
Apaixone-se pelo lado forte da equipe de vendas 107
   Fofocas e ética 108
   Ao assumir o posto 109
   No dia, foco nas forças; à noite, conserto dos pontos fracos 110
   Regras do jogo: deixe claro aos vendedores o que você não negocia 120
Implemente o relatório de visitas e entrevistas 122

CRIAÇÃO **127**
O SEXTO CAMINHO

A arte da venda é a arte das perguntas..132
Nomeie as campanhas de venda 135
Tenha um plantão jurídico à disposição dos vendedores 137
    Grandes vantagens, grande cautela 140
    Dosagem do tempo na *Internet* e mídias sociais, com grande proveito das facilidades ..142
    A *Internet* e a gramática 143
    Da campanha ao clique – como usar o *e-mail* para alavancar vendas 144

ARREBATAMENTO **149**
O SÉTIMO E ÚLTIMO CAMINHO

Relacione-se com seus pares e saiba vender para dentro da empresa...........151
O pessoal de bastidor 154
Como estabelecer prêmios arrebatadores 157
Como recrutar e selecionar vendedores 158
Zona de conforto: a inimiga número um do arrebatamento 160

Sete caminhos, Sete revelações **167**

Introdução

> Os resultados obtidos na sua vida têm origem na fonte do seu foco de atenção, aos líderes cabe a missão de iluminar e guiar suas forças de vendas.
> **Os autores**

A força de vendas humana.

Ao nos reunirmos para produzir esta obra, procuramos oferecer um condensado daquilo que consideramos os aspectos mais vitais para o sucesso em vendas. Temos experiência sólida desde o piso das vendas, do pé nas ruas e estradas, de negociações internacionais, de vendas rurais às mais sofisticadas nos segmentos de serviços urbanos. Possuímos profundos conhecimentos da volatilidade do negócio digital, etéreo, à venda do que pode ser comprovado cientificamente na ponta de um terminal de computador; da racionalidade extrema à emoção ardente; do *business-to-business* (negócios de empresas com empresas) ao *business-to-consumer* (negócios feitos entre empresas produtoras, vendedoras ou prestadoras de serviços e o consumidor final), por meio da *Internet*; da venda de entidades sem fins lucrativos ao grande questionamento filosófico: existe alguma coisa que seja comprada, ou tudo no mundo é vendido?

Falamos da construção de uma força de vendas humana. Falamos para as lideranças comerciais, e para todo vendedor ou vendedora que compreende ser um líder em si mesmo. O ato da venda é íntimo, pessoal e único. Vendas sempre foi e sempre será uma atividade de pessoa para pessoa. As tecnologias são múltiplas, podemos usar com facilidade e velocidade os suportes que chamávamos no passado de *marketing direto*, a mala direta, o telefone, o banco de dados, agora viabilizados em CRM's acessíveis, WhatsApp, *e-mails* e celulares prontos para emitir e receber em qualquer ponto do mundo que você esteja.

A tecnologia no entorno de um ser humano em vendas ficou farta. Temos hoje no Brasil mais de 460 mil jovens considerados "YouTubers". Kondzilla um sucesso de vendas no reino da música. Porém, ao sairmos da superfície dessas informações, iremos constatar que o sucesso não fica sob responsabilidade exclusiva do uso das tecnologias. O sucesso está na fórmula superior e eterna da gestão e liderança de vendas: "Vendas será o resultado de um processo". Esse processo inclui *marketing*, inovação, os fundamentos de vendas: um processo gerencial, estrutural, organizacional e o fenômeno de todos os fenômenos: **o poder humano**.

Falamos de sete caminhos para criar uma extraordinária força de vendas humana. Isso é complexo? Sim, extraordinariamente complexo, por isso dizemos e afirmamos que 100% do resultado de uma operação de vendas é totalmente dependente da qualidade de sua liderança. E não aceitamos desculpas. Além dos aspectos incontroláveis nos negócios, das incertezas com o ambiente, cabe ao líder de vendas combinar e liderar os fatores internos e controláveis da sua própria organização. E da mesma forma cabe ao líder compreender que sua atividade envolve o negócio mais simples e o mais difícil da terra: **relacionamentos**. Uma força de vendas exige a sabedoria humana. Vontades, desejos, sonhos, ilusões, frustrações, utopias, necessidades, percebidas ou não.

INTRODUÇÃO

Então, trata-se também do resultado de um processo mental, de atitudes e aptidões. Da canalização das energias. Do foco centralizador. E nos transformamos em agentes da frase que abre esta introdução: "Os resultados obtidos na sua vida têm origem na fonte do seu foco de atenção".

Para sermos dirigentes de vendas, precisamos descobrir onde a equipe está colocando o foco de atenção. E, numa autocrítica fundamental, onde nós, como gestores, temos colocado nossa empresa e o foco de todos em conjunto!

Dirigimos grandes corporações comerciais com milhares de vendedores e vendedoras. Entre elas, uma das mais fortes e impactantes experiências vivenciadas foi a do negócio de Yellow Pages – Páginas Amarelas: um ramo revelador do poder e do potencial humano para vender aquilo que 90% do potencial mercado comprador não está desejoso nem pronto para adquirir.

Por meio de vendas, criamos empresas de sucesso. A KLA, criada por Edílson Lopes. A confiança absoluta nos fundamentos de ausência de dúvidas, arte suprema de um vendedor em ação: visitação, entrevista, oferta, superação de objeções, fechamento e fidelização. Inovação de produtos que não eram ainda oferecidos, para um *target* desejoso de conhecimento ascensional, os pequenos e médios empresários brasileiros. Com base na vitoriosa experiência de vendas, o *marketing* com a construção de Big Data, e toda essa experiência concreta transformada numa rede de franquia nacional e internacional.

São muitos os exemplos de sucesso nascidos de vendas: a Mercedes-Benz era uma revenda de automóveis. A Avon veio de um perfume que era dado como brinde pelos vendedores de livros. A Cacau Show, de Alexandre Costa, nasceu de uma iniciativa com a força de vendas porta a porta de seus pais, quando ele tinha 17 anos de idade, e hoje é a maior franquia de chocolates do mundo. A Natura era uma pequena loja, aberta por Luiz Seabra, na rua Oscar Freire, em São Paulo. Salim Mattar começou vendendo locação de automóveis com "fusquinhas" em Belo Horizonte e construiu a Localiza. E pode procurar. Se analisar direito, em todos os casos de sucesso você irá descobrir o fator vendas como diferencial crítico de sucesso e o papel de um grande líder de vendas, Vivenda do Camarão, Totvs, Coca-Cola, Manah, Agroceres, Amway, Jacto, Magazine Luiza, e sem dúvida as lojas CEM, o terceiro maior varejo do Brasil totalmente dedicado ao poder do ponto de venda e da força de vendas humana, dentre infinitos exemplos. E quer mais? O homem mais rico do mundo, Jeff Bezos, dono da Amazon Books, era um vendedor. Sam Walton, fundador da maior empresa do planeta Walmart, era um vendedor. Jack Ma, criador do Ali Baba na China, era um vendedor. Steve Jobs, Bill Gates, Walt Disney, Barão de Mauá, todos eram grandes vendedores. E até o apóstolo Paulo atravessou o mundo da sua época "vendendo" o cristianismo.

    A concepção, a construção, a montagem e a direção de uma força de vendas humana, com processos administrativos, estratégicos e táticos; com a convicção de estimular, encorajar e libertar a verdadeira fé de cada ser humano envolvido; com a clareza da ausência de dúvida e a superação de medos e limites diários estão traduzidos nos sete caminhos. Cada um deles engloba e reúne uma longa sequência de procedimentos e de vida, todos testados no mundo real.

    Também nos permitimos trilhar jornadas acadêmicas, de educação e formação. Aulas nas melhores escolas de *marketing* e vendas no país, congressos e seminários, nacionais e internacionais, bem como especializações, palestras, artigos e livros.

INTRODUÇÃO

Desejamos ao leitor o melhor uso de seu tempo na leitura atenta de cada detalhe destes sete caminhos para criar uma extraordinária força de vendas humana. Tudo nasce antes, dentro de cada um de nós. Sem o criador e o líder não poderá haver a força de vendas humana. Ela precisa ser despertada na paixão, no espírito e no coração. Só depois chegamos ao cérebro e na certeza da coragem.

Ninguém vende sozinho! Somos uma força de vendas humana.

Edílson Lopes
José Luiz Tejon

ALAVANCA
o primeiro caminho
1

> "Dê-me uma alavanca comprida e um ponto de apoio que deslocarei o universo."
> **Arquimedes de Siracusa**

Não estamos sós. É necessário reunir os pontos fortes e alavancadores do objeto de venda para obtermos os melhores resultados com o menor esforço, ou com força inteligente. Dessa forma, a criação de uma extraordinária força de vendas humana se inicia com pelo menos dez perguntas:

Não estamos sozinhos.
1. Quantos são e como são meus clientes atuais?
2. Posso segmentá-los de quantas formas diferentes para atender e avaliar a lucratividade?
3. Quantos são e como são os clientes de meus principais concorrentes diretos?
4. Como estão segmentados os clientes da concorrência e o que sei sobre a lucratividade deles?
5. Quais são os clientes comuns, os vendedores-chave que os atendem e as percepções dos clientes sobre as áreas de vendas e a empresa?
6. Qual é o ambiente econômico, legal, logístico e tecnológico de meu ramo?
7. Quais são os principais aliados do lado de dentro da empresa?

8. Qual seria a segmentação ideal da força de vendas e as aptidões e atitudes essenciais para a criação de guerreiros comerciais – e não de soldados?
9. Como é o domínio do território de vendas pelos concorrentes e quais redes de canais/parcerias/vendas *on-line* estão em movimento e sendo valorizadas pelos clientes?
10. Quais são os clientes novos que serão alvo de minha prospecção? Quantos são, onde estão, como vou atraí-los e qual é a taxa esperada de conversão e do custo para conquistá-los?

O caminho da alavanca consiste na necessidade de o dirigente de vendas obter o melhor de toda a força empresarial que representa, para ampliar a chance de êxito. O tamanho da alavanca não será definido apenas pelo tamanho da força de vendas, mas também pelo conhecimento prévio dos locais que são vulneráveis ao ataque da concorrência e em mercados novos com suas próprias vulnerabilidades.

* * *

A arte de vendas é milenar, nada que existe no mundo foi realizado sem que alguém vendesse, seja uma ideia, uma filosofia, um produto, um serviço, um candidato político. Mães e pais já vendem, sem saber, suas expectativas para um bebê ainda na gestação. Estudos sobre a caracterologia, em desenvolvimento na Unoesc – Universidade do Oeste de Santa Catarina, comprovam os impactos na personalidade de uma criança até os primeiros seis meses de gestação.

As fábulas são também milenares. Seus registros vêm de 700 anos antes de Cristo, na Grécia. Significavam uma fórmula inteligente de "vender". Por isso, vai aqui uma sugestão simples para todos em vendas:

leiam as fábulas e as interpretem, pois a arte da venda sempre passa pelo talento de ativar a imaginação dos clientes com histórias inspiradoras.

Uma palavra da moda: narrativa. Esopo, um grego foi o inventor do método, o pai da fábula. Não se tratava de textos para crianças, ao contrário. As fábulas envolviam toda a sociedade. Seu uso tinha o objetivo de "persuadir" o receptor ou, em outras palavras, um pretendido cliente. Era também uma fórmula inteligentíssima quando havia a necessidade de falar e buscar convencer os reis e poderosos. Imagine um comprador *hard buyer*, poderoso e agressivo. E você precisa persuadir essa pessoa. Sem dúvida, precisará tentar ser um fabuloso ou fabulosa profissional de vendas.

Esta fábula, do homem que queria comprar um burro, eu vi um líder de vendas usar, para motivar sua equipe a procurar a companhia dos melhores vendedores e não dos piores. Assim disse:

"Um homem pegou para testar um burro que ia adquirir. Levou-o, então, para a cocheira e o instalou junto dos burros que possuía. Mas o burro se apartou dos outros e foi ficar ao lado do burro mais preguiçoso e comilão. E, como ele não fazia nada, o homem o devolveu para o vendedor. Quando o vendedor perguntou se ele havia testado o burro adequadamente, o outro respondeu:

— Eu não preciso de teste nenhum. Já sei que ele é igual ao amigo, que dentre todos, escolheu!"

Para criar uma extraordinária força de vendas humana, um líder não pode cair na ilusão de que irá contar com supervendedores de poderes extraordinários, que sabem sozinhos abrir portas e movimentam o mundo ao seu redor.

Ao líder cabe a consciência de criar caminhos que possibilitem à totalidade do seu quadro de vendas a maior de todas as sensações humanas, a felicidade do gol. A percepção de êxito. Precisamos dos gênios da equipe, mas não faremos o resultado sem a nossa equipe inteira. Elevar a mediana da *performance* é a missão fundamental de um líder para criar a legítima força de vendas humana. Portanto, vamos olhar a estruturação, a busca de alavancas, múltiplas, objetivando progressos sustentáveis em vendas.

***

Liderança é a arte do eterno aprender, agir e refletir.

Para que a alavanca dê resultados, é necessário encontrar um ponto firme e sólido de apoio: os ângulos diferenciadores de seu produto e de seu serviço; a estrutura da empresa, a engenharia, os sistemas, a distribuição, a flexibilidade. Não vendemos nada isoladamente. Vendemos um conjunto de atributos e de valores. Quais são eles? Quem está conosco dando retaguarda do lado de dentro da organização? Quais são os fatos e as grandes histórias que temos para contar e documentar?

Preço, prazo e desconto, de modo isolado, não dizem nada! Qual é o lado invisível do negócio que precisamos descobrir e revelar para o lado de fora da companhia? O ponto sólido e firme de apoio para a alavanca são as consistências reais, a empresa como um todo, seja grande, média, pequena ou micro.

Três exemplos de alavancas: Seu Manoel, Procter & Gamble e Lojas CEM

Há mais de trinta anos, seu Manoel, imigrante português, vinha com seu triciclo para as esquinas de uma avenida, na cidade de Santos. Vendia peixe no carrinho movido a pedal. Sua alavanca era comprida – décadas de relacionamento confiável com clientes fiéis, conquistados um a um e transformados em vendedores boca a boca de seu Manoel. Seu ponto de apoio era firme. Sabia selecionar e escolher os melhores peixes na central da pesca da cidade. Seu Manoel, antes de querer lealdade dos clientes, era leal com eles. Peixe bom, saudável, do jeito que a clientela esperava.

O carrinho era simples; seu Manoel, um trabalhador incansável; e o ponto de vendas, o mesmo, havia dezenas de anos. Amigos, aposentados e outros vendedores de água de coco, sanduíches e pastel formavam com ele um *cluster*, para usarmos um termo novo – significa uma colcha de negócios que têm sinergia entre si. Seu Manoel era feliz, alegre. Compreendia o mundo ao redor a seu modo, e à maneira que os clientes gostavam. Tinha uma poderosa alavanca, o que o fez superar o tempo e a sofisticação tecnológica das moderníssimas peixarias.

Seu Manoel faleceu, mas o seu ponto de vendas continua, um novo peixeiro mantém a tradição. Novos clientes, uma barraquinha moderna. Mas os mesmos fundamentos do seu Manoel prevalecem. Lealdade, confiança e qualidade acessível do lado de casa.

Na Procter & Gamble, uma das maiores corporações do mundo, para irmos ao extremo oposto, o ex-presidente do Conselho e CEO Alan George Lafley (substituído por David Taylor) aumentou o crescimento da empresa até 2015, recebendo prêmios como "O CEO do Ano", pela Revista *Chief Executive*, além de ser aclamado como um dos melhores líderes da América pelo *US News & World Report*.

Alan também utilizou a chave da alavanca. Investigou profundamente forças, percepções, inovações desejadas pelo mercado; integrou toda a equipe interna da empresa na materialização desses desafios; dobrou as vendas; gerou mais de cinquenta bilhões de dólares em fluxo de caixa livre e posicionou a empresa entre as 15 mais valiosas do planeta.

Esse homem tinha uma distância gigantesca, em relação aos negócios que comanda, de seu Manoel, peixeiro do triciclo em Santos. Mas ambos, guardadas as proporções, usam a alavanca de maneira objetiva, direta e simples. Não prometem demais, não acreditam nessa coisa de visão; trabalham com a realidade. O sr. Lafley era tido como um "anti--CEO". Seu Manoel pode ser considerado um ínfimo microcomerciante, e totalmente fora de moda. Mas, se olharmos sem os preconceitos dos modismos, os dois relevam como a alavanca está sempre presente para iniciar a construção de uma poderosa força de vendas humana.

As Lojas CEM, o terceiro maior varejo brasileiro. Seus fundadores acreditam que as pessoas querem ir às lojas, pegar nas mercadorias e acima de tudo "falar com os vendedores". Optaram por não entrar no comércio eletrônico, atuam com uma logística de entregas asseguradas de qualquer mercadoria em 48 horas. As Lojas CEM representam uma essência do melhor em vendas. A sua alavanca está na crença do fator humano e das relações humanas como todo o seu diferencial. Vale visitar uma loja e observar o máximo do conceito "humana" para uma força de vendas. E, para tal, é preciso olhar para suas lideranças, Natale Dalla Vecchia, Cícero Dalla Vecchia, Giacomo Dalla Vecchia e Roberto Benito.

E esses líderes falam sempre mais alto por meio de suas atitudes. Portanto, a força humana de vendas se transforma numa força de vendas humana com base nos seus verdadeiros ensinamentos e atitudes.

Ingvar Kamprad faleceu aos 91 anos de idade. Criou a Ikea, um sucesso de vendas em móveis e decoração. Começou a vida vendendo qualquer coisa de bicicleta porta a porta no seu bairro, e são sete os seus saberes que circulam pelo mundo todo:

1. Só os que estão dormindo não cometem erros.
2. Gostaria muito de ter um espaço só para mim, mas, como não posso oferecer o mesmo para todos os meus funcionários, vou trabalhar junto com eles até o fim.
3. A palavra impossível está definitivamente banida da Ikea.
4. Antes de tomar o veneno de sentir-me realizado, recorro ao antídoto de como posso fazer melhor.
5. O que é bom para o cliente será bom para nós, ainda que no longo prazo.
6. Errar é um privilégio de pessoas ativas e verdadeiras. Permanecer negando os erros uma característica de pessoas medíocres e negativas.
7. Não existe uma liderança de qualidade se não se é capaz de oferecer ótimos exemplos o tempo todo.

A Procter & Gamble, com Lafley, inovava em tudo para vender mais; tem obsessão pela inovação. Seu Manoel, o peixeiro, inovava em ser fiel, previsível e leal com os melhores produtos, escolhidos por ele mesmo, para os clientes que nunca o abandonaram. Natale, Giacomo, Cícero e Roberto, das Lojas CEM, inovam em fazer muito bem-feito a essência de um varejo, seu *marketing* fideliza clientes, seus pontos de venda e vendedores formam a força de vendas, legitimamente humana. Eis suas respectivas alavancas.

Correremos agora pelos ambientes interno e externo que formam as zonas de fronteira das áreas de vendas, para situar onde estão as alavancas e seu respectivo ponto de apoio, e arquitetar a construção de uma poderosa força de vendas humana.

Compreendendo o mundo que nos cerca do lado de dentro

O Quadro 1 demonstra as implicações internas do papel de vendas em uma organização. A chave da alavanca consiste em compreender o mundo que nos cerca e em identificar o tamanho da alavanca e seu ponto de apoio.

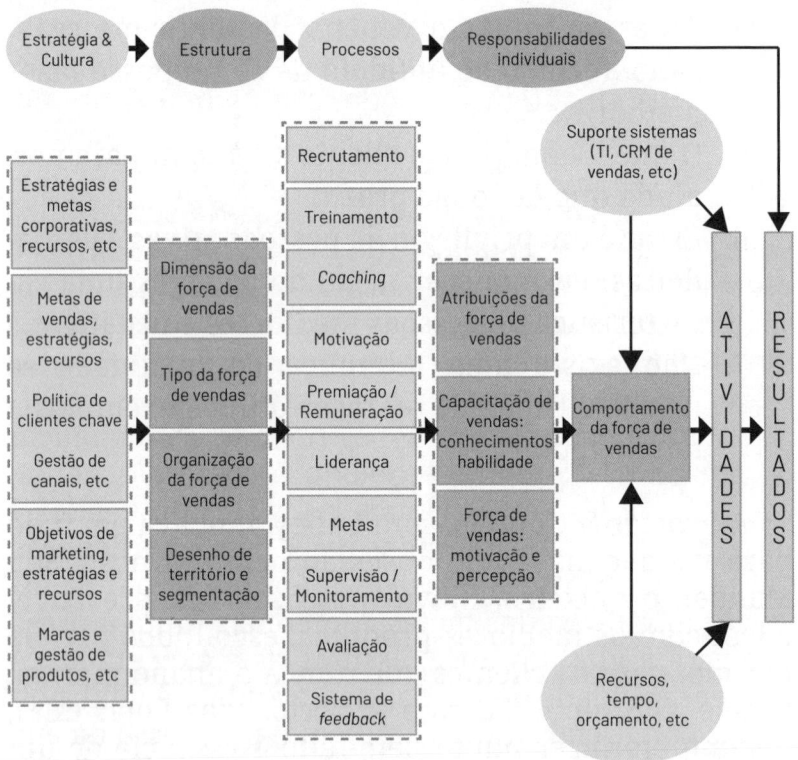

Quadro 1

Cultura e estratégia empresariais

Estamos envolvidos com a cultura e a estratégia empresariais. Somos participantes e agentes das estratégias corporativas, de seus recursos e objetivos, e parte significativa do valor real da instituição.

Dependendo do tipo de negócio, por exemplo um no qual o papel da área de vendas é o *core* competitivo, a força comercial e sua rede de revendedores podem ser avaliados como o ativo número um para os acionistas. Imaginemos o peso da rede de revendedoras Avon ou Natura nesse tipo de atividade. Sobre a Jequiti, empresa criada pelo Grupo Silvio Santos, seu ex-presidente, Luis Sandoval, fala da genialidade do Silvio ao sugerir que houvesse um estímulo nas vendas não apenas pedido a pedido, dos clientes e revendedoras, mas, sim, item a item de cada pedido. Uma simples ideia e de grandioso poder. Ou consideremos a importância dos líderes de negócios num lugar como a Amway; ou ainda o aspecto crítico de sucesso dos vendedores nas atividades de vendas missionárias e intensivas como a de Páginas Amarelas, seguros, consórcios e todas as demais envolvidas na transferência de intangíveis, em que a demanda é criada pela qualidade e pela quantidade da oferta de vendas.

Estamos vinculados às estratégias e às táticas operacionais de todo o esquema corporativo, gerenciando clientes-chave, canais múltiplos de vendas e distribuição. Somos responsáveis pela coordenação das estimativas de vendas; devemos participar da negociação interna das metas comerciais junto à presidência e à alta diretoria, assumi-las e executá-las. A responsabilidade de vendas nesse âmbito é vital, pois metas comerciais tímidas inibem o progresso da empresa e estimulam os competidores. Metas comerciais inatingíveis frustram seus membros e podem colocar a organização em risco financeiro, pela impropriedade do dimensionamento de matérias-primas, insumos, logística e potencial prejuízo.

Em vendas estamos ligados aos programas de *marketing*, dando *feedback* e recebendo o necessário apoio para obtermos o giro das mercadorias nos pontos de venda; sermos recebidos por clientes de maior potencial; obtermos informações preciosas do *data-base* do *marketing* da organização; posicionarmos e segmentarmos as ofertas comerciais de acordo com o planejamento de *marketing* da empresa; e, para obtermos melhor preço, condições de vendas e fluxo financeiro e de caixa, que vão assegurar a lucratividade e a saúde da empresa.

Estruturação da força de vendas
Ao analisarmos o ângulo da estruturação da força de vendas, o dimensionamento das equipes, o tipo de força comercial, a hierarquia, a organização, o custo de vendas e o *design* dos territórios de vendas e das segmentações mercadológicas oferecem outro grande campo de estudos para o moderno profissional de vendas. E é muito importante que o gestor passe a apreciar toda essa gama de informações e conhecimentos para incorporá-la ao "quebra-cabeça" do mapa de atributos de um gerente de vendas.

Processos
No âmbito dos processos, as demandas para a profissão continuam evoluindo:
- saber recrutar e selecionar vendedores;
- conhecer programas de treinamento;
- desenvolver a habilidade de *coaching* para os colaboradores;
- criar ambientes motivacionais positivos;
- estudar sistemas de remuneração e de recompensa associados aos objetivos da campanha de vendas;
- estudar a arte da liderança;
- estabelecer metas e o sistema de controle e acompanhamento dos desempenhos;
- supervisionar e monitorar vendas;

- criar planos de avaliação;
- organizar um sistema de *feedback* que permita alterar metas, antes de ser surpreendido pela realidade e que ajude a empresa nos planos futuros.

Além de tudo isso, acompanhar os desenvolvimentos de TI, para ter uma boa informação da força de vendas.

Responsabilidades individuais

Eis uma área que costuma ser a mais debatida e estudada, a que tem mais livros e sobre a qual se fazem mais palestras. Porém, ela é apenas a ponta do *iceberg*. Atitude pessoal dos vendedores, competência dos profissionais, sentimentos e motivação – isso resulta no comportamento da força de vendas. Esse comportamento deve refletir uma necessidade de produtividade (*timing*), de custos por venda e por vendedor e sistemas de suporte ao vendedor em si, como TI, automóvel, celular e um plano de atividades, de visitação, de controle da pendência e de conversão de propostas em vendas fechadas, que nos levem então aos resultados.

É nesse campo de atitudes individuais que entra a genialidade dos vendedores, que pode fazer a diferença.

Trabalhamos com uma vendedora que ganhava todas as campanhas comerciais. Ela se chamava Sandra.

Disparava na frente de toda a equipe, era melhor em produtividade, no número de contratos e no prazo de pagamento. Dificilmente, havia cancelamentos. Enfim, uma fabulosa vendedora. Intrigado com essa *performance* e sobretudo como ela conseguia tantos contratos à vista ou com prazos curtíssimos, fomos investigar. A pergunta foi:

— Sandra, além de você vender mais que todos, por que a maioria dos seus contratos são à vista, enquanto os demais vendedores sempre vendem em 12 parcelas?

A resposta fulminante que por si só explica os supercampeões:

— Mas pode vender parcelado? – ela respondeu.

Ou seja, a força íntima de um grande campeão torna o que para muitos vive na palavra impossível algo naturalmente possível.

E hoje podemos afirmar: "Quanto mais dizem ser algo impossível, mais eu creio na sua total possibilidade".

Curiosidades e grandes histórias de vendedores à parte, podemos constatar, portanto, que a melhor definição para vendas é: resultado de um processo gerencial e mental, em que o foco e a ausência de dúvida fortalecem o primeiríssimo de todos os passos de toda e qualquer venda: "Vender você para você mesmo".

***

O mundo do lado de fora: o que demanda?

Após compreender o mundo que nos cerca do lado de dentro da empresa, com tudo o que antecede à venda, o maior de todos os desafios é olhar para além da porta da companhia. O mundo lá fora é um mar pleno de fatores incontroláveis.

Costumamos dizer que a profissão de vendas é repleta de pessoas "anormais', no bom sentido. Explicamos: não tem nada combinado do lado de fora da empresa. Tudo muda, tudo é incerto. Não combinamos com os clientes a venda com antecedência, antes de assumirmos as estimativas comerciais. Não combinamos a venda com os concorrentes. Não temos certeza das políticas econômicas, de câmbio, da legislação, da oferta de crédito e do nível de inadimplência. Desconhecemos se o nosso amigo, no cliente que atendemos por mais de dez anos, poderá ser substituído, demitido ou promovido para outro setor exatamente na hora de negociarmos as novas vendas deste ano. Não temos muita certeza sobre o ciclo de vida dos principais distribuidores e revendedores, como está a motivação para o trabalho dos vendedores das revendas, como está seguindo a sucessão dentro do cliente.

Um exemplo dessa situação foi o que ocorreu com o grande Garrincha, gênio do futebol de pernas tortas, quando o técnico explicava o que ele faria no jogo contra os soviéticos. Após ouvir a explicação, ele perguntou ao técnico:

— Mas o senhor já combinou isso com os russos?

Claro, o jogo é incerto, e uma série de fatores incontroláveis vão surgir. Nesse aspecto, espera-se que o profissional de vendas acompanhe as notícias, leia, não pare de estudar e aprenda sobre economia, sociologia e comportamento humano. Ele precisa agir como um investigador, auscultando a concorrência e o que é falado nos bastidores dos clientes. Precisa estar preparado com boas histórias que falem por si, demonstrando aos clientes ângulos novos ou diferentes do que eles estão pensando sobre os negócios, a concorrência e a empresa.

Por isso, caro(a) leitor(a), prepare-se. O desafiador mundo das vendas e da gestão em vendas exige que você evolua extraordinariamente. Vamos estudar todas as disciplinas da administração e do planejamento estratégico. Aprenderemos mais sobre os fatores do ambiente externo e precisaremos ser estudiosos do comportamento humano, dos desejos, sonhos, angústias e motivações distintas que regem as pessoas, tanto na ótica do treinamento dos vendedores quanto na atitude de gestor com relação ao quadro humano de vendas que você precisará construir, orientar, motivar e perseguir, transformando tudo em resultados nunca antes alcançados.

Cuide da base de dados da empresa: hora do *Big Data*

Em se tratando do caminho da alavanca, uma das coisas que poderá alavancar suas vendas, focando bem o piso das vendas e trazendo a estratégia para o pé nas ruas e nas estradas, é o cuidado imediato que você, como dirigente de vendas, deve ter com a base de dados dos clientes.

Se quiser chamar de *data-base*, banco de dados, cadastro de clientes etc., fique à vontade. Neste livro, chamaremos de base de dados. Identifique com rapidez qual setor da empresa e quem, especificamente, cuida disso, e comece logo uma limpeza geral em todo o cadastro de clientes. Sua base de dados é o sangue de seu negócio. Divida-a em duas partes: clientes e não clientes.

Base de dados de clientes
Quanto à base de clientes, junte toda a equipe de vendas e lhes pergunte quais as informações que gostariam de ter dos clientes; que tipo de informação acham que poderia ajudar a vender mais. Enfim, reúna todos os vendedores em uma sala com o pessoal que cuida da base de clientes e faça com que todos cheguem a um acordo. Na maioria das empresas, o que ocorre é que as pessoas que cuidam da base de dados dos clientes nunca se reúnem necessariamente com os vendedores para ouvi-los e saber do que de fato necessitam.

Se gerencia uma empresa pequena, recomendamos que contrate um estagiário ou alguém especializado para cuidar desse tipo de trabalho. Não é possível que você cuide dos vendedores e também pense em base de dados. O que não dá para fazer bem feito, peça a alguém que faça por você. Portanto, concentre-se em trazer vendas para a empresa, porém tenha alguém especializado em base de dados, ou alguém que tenha o foco o tempo todo nesse assunto, em particular se a empresa for pequena.

Base de dados de não clientes
Como dissemos antes, você deve ter também uma base completa de não clientes. Recomendamos que

os vendedores se sentem com o pessoal que cuida do assunto e definam em conjunto o que de fato é necessário em relação à base de dados de não clientes. Se ela for bem-feita, torna-se uma arma mortal para um gerente de vendas.

As empresas preocupam-se muito com os clientes – costumamos dizer que isso é obrigação –, mas se esquecem dos não clientes. É fácil vender para os clientes atuais (não que seja fácil; como se diz, é menos trabalhoso), por isso a maioria dos gerentes de vendas canaliza a energia para vender para os clientes atuais.

É uma obrigação vender para os clientes atuais, mas o diferencial está em vender para quem ainda nunca comprou da empresa. Eis um grande desafio, que fará aumentar seu ganho.

Crie uma estratégia para vender a não clientes e comece a executá-la com um bom cadastro de futuros clientes. Coloque como meta aumentar as vendas para não clientes. Trata-se de um desafio a ser implantado de imediato.

Tenha em mente que uma base de dados bem-feita é 50% do caminho. Acreditamos muito no trabalho em cima dos não clientes, mas, para que ele aconteça, é preciso ter disciplina, metas etc. Amanhã mesmo reúna todos os vendedores com as pessoas responsáveis pela base de dados. Ao colocar todos na mesma sala, você terá surpresas. Não deixe para depois. Faça agora essa reunião. Tenha uma visão estratégica do negócio. Ter estratégias bem-feitas é algo que o levará ao sucesso com rapidez.

***

Fechamos aqui o primeiro dos sete caminhos: a alavanca, que representa compreender forças e fraquezas; selecionar o melhor que existe no negócio; compreender o mundo que o cerca do lado interno e externo da empresa. E, partindo para o mundo concreto, organizar uma base de dados completa e correta dos clientes atuais e de todos os seus *prospects* (novos clientes). A base de dados é, do âmbito material e real, o ponto de apoio firme para alavancar suas vendas.

Dedique tempo e invista o melhor de seu raciocínio e do suporte da empresa nisso. Temos visto grandes corporações deixarem de obter êxito em planos para aumentar a capilaridade dos clientes por ficarem esperando que os distribuidores façam por eles a ampliação da cobertura. É preciso que cada um faça a sua parte e uma base de dados é vital para trabalhar previamente os clientes. Os distribuidores apenas ajudarão a melhorar essa cobertura.

Por outro lado, também assistimos a pequenos empresários deixarem de ser bem-sucedidos por tratarem de forma aleatória a prospecção de clientes. Você tem na base de dados todos os consumidores do quarteirão de sua loja, de seu bar, de sua tabacaria, por exemplo? Alavancar é fixar o pé no chão, com o ponto de apoio da alavanca e, se a cabeça ficar nas estrelas, o comprimento de sua alavanca fará grande diferença. Quanto mais comprida for a alavanca e mais sólido o ponto de apoio, maiores serão os obstáculos removidos e o resultado das vendas. Essas são as asas e os músculos da sua força de vendas humana. Venda para dentro para poder vender muito mais para fora.

Transforme toda a empresa numa poderosa força de vendas humana. Todos estão vendendo. Ninguém vende sozinho. Um vendedor só, um dia de trabalho de vendas só. Cem vendedores, um dia de trabalho de vendas multiplicado por cem. Do *motoboy* ao presidente, todos são vendedores. Para a força humana de vendas vencer, a organização precisa prevalecer.

MENSURAÇÃO
o segundo caminho — 2

"Existem coisas que são contadas e que contam. Outras que são contadas e não contam. E muitas coisas que não são contadas e que contam."
Albert Einstein

A história do menino e a corrida de bicicletas

Uma vez, um menino de dez anos foi participar de uma corrida de bicicletas na rua do seu bairro. Era uma gincana promovida pelo clube da vizinhança. Muitos meninos compareceram, cada um com sua *bike*.

O menino da nossa história queria muito ganhar a corrida, para fazer mais amigos e ficar orgulhoso de um feito. O pai desse garoto o acompanhava e ficou esperando na chegada. Dada a partida, o nosso menino saiu na frente do pelotão. Porém, em não mais do que uns 50 metros, muitos o ultrapassavam. A rua, entre a largada e a chegada, tinha mais ou menos uns 500 metros. Havia cerca de 70 moleques participando. O bairro e sua meninada, concorrentes variando de dez a 12 anos. Essas eram as idades inscritas na competição.

O menino viu quase todos passarem por ele. Chegou entre os 20 últimos.

Passou a linha de chegada, foi para um canto, chorava triste com tamanha derrota. A maioria na frente dele, e ele se achava um grande rei das bicicletas, estava envergonhado.

O seu pai se aproxima e pergunta:
— Mas, por que choras?
O menino, soluçando, aponta para os colegas vitoriosos e diz:
— Olha lá, pai, cheguei entre os últimos. Você não viu?
Então esse pai abraça o filho e diz:
— Filho, não estás olhando na direção certa. Qual é o aro da tua bicicleta? 20. Aqueles que chegaram na tua frente, todos estão com bicicletas aros 24 e 26. Apesar de ter a mesma idade, tu chegaste na frente de todos que estavam com bicicletas de aro 20, como a tua. Impossível alguém com uma bicicletinha aro 20 ganhar de umas bicicletonas muito maiores. Celebra filho, fostes o campeão da tua categoria!

E saíram felizes e abraçados para tomar um guaraná no bar da esquina.

A mensuração é um caminho fundamental em vendas e na vida. Mas muito cuidado, métricas precisam preservar segmentos diferentes, preparos e capacitações diferentes. Jamais se esqueça da história do menino e da corrida de bicicletas. Aros 12, 16, 20, 24 e 26 são todos de bicicletas. Mas não desempenham da mesma forma. Cuidado, tem muito vendedor medíocre ganhando campanha com *bike* aro 26, e muitos campeões desenvolvendo baixa autoestima com *bikes* aro 16. Todos começamos com as bicicletinhas. Mas preste muita atenção em como você distribui as metas e as mensurações e celebra campeões na sua força de vendas humana. Guardando isso em mente, vamos para a frente. Todo plano de vendas precisa ter indicadores e métricas, e ser mensurável ao longo do andamento de um ciclo comercial.

Vendas é o resultado de um processo e, para criarmos uma poderosa força de vendas humana, precisamos acompanhar diariamente o seu desempenho.

Os números contam. Como disse Einstein, existem números que são contados e "contam". E também números que não são contados e que contam. Outros que contamos, contabilizamos e pouco ou nada nos contam e nos revelam. Separar as métricas que contam para a *performance* de cada membro da equipe de outros que nada contribuem representa uma arte do líder.

Participamos uma vez de um plano de vendas que trazia com ele, na sua execução e acompanhamento, cerca de 100 diferentes métricas. E aí, cuidado líder. Os supervisores se deixaram "enfeitiçar" pelo questionário dos 100 itens. Neles, 20% eram números contados que muito contavam. Outros 80% eram fatores contabilizados, mas de baixíssima relevância no resultado total. Assistimos então a um uso gigantesco do tempo naquilo que não importava. Cabe a um líder separar as 20 métricas que decidem o jogo numa campanha de vendas das outras 80, que não são prioritárias.

Além disso, as métricas também devem conter um bom nível de personalização. Existem, por exemplo, vendedores que visitam, entrevistam quem decide, oferecem, elevam o *ticket* médio dos pedidos, sabem tratar objeções, arrematam, têm um bom pós-venda, mas são indisciplinados nos sistemas, na formalização dos contratos. Uma das métricas de sua avaliação é número de contratos formalizados e não devolvidos para correção. Vale apoiar e ajudar esse vendedor nesse quesito burocrático. Porém, não o transforme num ótimo burocrata, pois você precisa é de vendedoras e vendedores.

É necessário termos consciência de quais são os números de uma operação comercial que contam e que precisam ser contados – números que farão a diferença.

Hoje, existem sistemas informatizados de fácil acesso para o estabelecimento das estimativas de vendas e para o acompanhamento e controle dos trabalhos. O importante é saber que o número mais sagrado de uma empresa é a estimativa de vendas. Esse objetivo é o que define a saúde organizacional. Qual é a meta de vendas? Essa resposta precisa estar bem formatada, bem negociada internamente, bem vendida para o quadro de vendas e na ponta da língua de todos os funcionários.

O que não pode ser mensurado não pode ser gerenciado. A informatização, o controle e o suporte decorrente deles para facilitar e apoiar as vendas é o que veremos adiante.

Informatização, controle e facilitação das vendas

Um estudo fundamental para o dirigente é o da construção de uma base de informatização da força de vendas que sirva para três aspectos virtuosos da sua carreira:

1. Melhorar a qualidade das estimativas de vendas da empresa, região a região, cliente a cliente e vendedor a vendedor.
2. Controlar e acompanhar os desempenhos individuais, permitindo um *coaching* (treinamento personalizado para o profissional de vendas) sobre as áreas fracas, bem como um fortalecimento de sua força.
3. Permitir um autodesenvolvimento ao vendedor na construção do seu CRM (*customer relationship management*) de vendas, que significa a gestão do relacionamento com os clientes.

Essa instrumentalização nunca deve ser apresentada nem utilizada como ferramenta temerária aplicada à equipe. Não pode ser demonstrada como um sistema de algemas de um campo de concentração. Porém, o mais importante é que incite um planejamento melhor, aumente a qualidade do atendimento oferecido ao cliente, amplie a possibilidade de produtividade de vendas e, o mais espetacular disso tudo, possibilite a evolução da média do quadro de vendas. Esse ponto é essencial para o gestor.

Não gerencie apenas para os grandes produtores. Os vendedores de ótimo desempenho já guardam dentro de si um *software* natural de disciplina e fé. Não gerencie, por outro lado, apenas para vendedores insatisfatórios. O eixo da gestão deve ser elevar a média, fazer crescer os índices médios da equipe. Isso representa melhorar o grupo dos médios produtores. Normalmente, numa equipe temos cerca de 10% no quadrante superior, outros 10% no quadrante inferior e 80% no time do meio, com variações dos maiores para os menores.

Portanto, quando sistematizamos o processo, a tendência é que os vendedores com menor nível de aptidão sejam conduzidos por um elenco de atitudes programadas na informatização, e a consequência normal é uma melhoria de desempenho da média da equipe.

Foi gentilmente cedido pela Totvs, uma empresa brasileira de CRM de vendas, o conceito predominante e moderno de um *customer relationship management* – CRM, gestão do relacionamento com o cliente.

As fichas cadastrais, que antes registravam tudo o que acontecia entre cliente e empresa, já estão num passado distante dos negócios que buscam modernidade em seus processos. Papel e caneta deram lugar a sistemas computacionais que estreitam a comunicação e o relacionamento das empresas com sua carteira de clientes.

O termo CRM, do inglês *customer relationship management* – traduzido como gestão do relacionamento com o cliente –, é uma ferramenta desenvolvida na estratégia de conhecer os clientes e reduzir custos (de produção e/ou operacionais) tendo por consequência um aumento na lucratividade, solidificar a satisfação e fidelização.

Atualmente, falar de CRM dentro de times de vendas, *marketing* ou TI, sugere a utilização de alguma plataforma de *software* para gerir as oportunidades e entender a fundo o mercado de atuação. Um *software* CRM reúne informações de todas as fontes de dados dentro de uma organização (e, quando apropriado, fora da organização) para fornecer uma visão holística de cada potencial cliente (*lead*) ou cliente já fidelizado.

Isso permite que os *stakeholders* voltados para áreas como comercial, sucesso do cliente, suporte e *marketing* tomem decisões rápidas e informadas sobre tudo, desde oportunidades, *cross selling* e *up selling*, até estratégias de *marketing* direcionadas a táticas de posicionamento de mercado.

As empresas que não optam pela utilização de um sistema CRM estão sujeitas a complicações como a dispersão de dados em diferentes fontes, que pode dificultar o conhecimento estratégico do histórico do cliente. Outro fator que impacta no processo é a dependência de conhecimento. Caso um consultor que atenda um determinado negócio não armazene as ações trabalhadas, esse importante conhecimento pode se perder se acontecer de o profissional se desvincular da empresa.

Pensando como solução, o MasterCRM[1] evoluiu

---

1 Uma dentre várias opções comerciais de sistemas é esse exemplo da Totvs, o MasterCRM. Sales force, Sap, Senior, e muitos outros, além das possibilidades desenvolvidas por consultorias dedicadas, são acessíveis e viáveis.

para uma filosofia centrada no cliente. Na sua concepção, em 2001, o objetivo foi criar uma plataforma que conseguisse integrar os times envolvidos no ciclo comercial. Como solução, busca aprender mais sobre as necessidades e comportamentos dos clientes para desenvolver relacionamentos mais fortes. Além disso, os profissionais das áreas de *marketing*, comercial e TI – principais usuários da ferramenta – teriam mais visibilidade do potencial de mercado e da empresa (quais canais podem ser mais bem explorados para geração de demanda).

Essa plataforma MasterCRM também foi desenvolvida sob a premissa de envolver o máximo de funcionalidades que facilitem as atividades e que não façam o usuário depender de outras ferramentas (aumentando, consequentemente, o custo da operação). Outro importante requisito – não funcional – no desenvolvimento da solução é a usabilidade.

Usar e testar antes de adotar para as equipes de vendas é fundamental. As áreas de vendas são um corpo em operação no palco real e não um grupo de ensaio.

As principais funcionalidades presentes em CRMs como o MasterCRM estão incluídas em módulos que tratam especificamente dos registros de clientes, contatos e oportunidades ou *prospects*. Primeiro, os usuários podem ter uma visão global de todos os *leads* da carteira separados de acordo com a etapa que se encontra dentro do pipeline do processo comercial.

Esses registros também podem estar segmentados seguindo atributos definidos pelo próprio usuário; em múltiplos pipelines e com rotinas de acompanhamento (*follow-up*) e ações automatizadas – como geração de propostas ou *mailing*.

Além da visão das contas, os consultores também se apoiam em ferramentas que os auxiliam na rotina comercial como agenda eletrônica, controle de despesas operacionais, tarefas, compromissos e geração de roteiros de visitas – geralmente definidas pelo seu supervisor. Outra característica que valoriza CRMs é a capacidade de se integrar a diferentes ferramentas operacionais, por exemplo, mídias sociais, ferramentas de *marketing* e *mailing*, documentação virtual com autenticação de assinaturas de contratos de forma digital e outras ferramentas individuais para documentos, *e-mails* e calendários de mercado que podem ser integrados à agenda do MasterCRM.

Após a conversão de um *lead* para cliente, a gestão desses registros envolve não apenas o cadastro do cliente em si e seus locais, mas a lista de acontecimentos (reuniões, atendimentos, vendas), seus pedidos ou serviços realizados, tratativas de limites de crédito, bloqueios e títulos em aberto.

Estas soluções permitem, hoje, atender a grandes e pequenas empresas:

Empresa	Porte	Ramo	Usuários ativo	Faturamento diário (aproximado, em R$)
A	Gigante	Alimentício	2.500	84.127.364,17
B	Grande	Têxtil	170	428.970,28
C	Médio	Químico	94	1.189.476,07
D	Pequeno	Ind. metalúrgica	27	35.042,89

Fonte: Totvs.

A Inteligência Artificial (IA) e Analytics, são essenciais para o CRM do futuro. As pessoas já possuem diversos contatos com a IA no dia a dia. Desde a sugestão de vídeos com base no histórico, até o Facebook reconhecendo locais e rostos de pessoas em fotos, a IA se tornou parte natural de nossas vidas. Permitindo que as empresas melhorem a experiência do cliente, coletando dados de clientes de vários pontos de contato de integração, como mídia social, automação de *marketing*, com mínima ou nenhuma intervenção humana. Assim, os *stakeholders* economizam tempo, podendo utilizá-lo para interagir com os clientes e gerar mais receita. Se você acha incrível a perspectiva de um CRM orientado por inteligência artificial, um surpreendente é o MasterCRM Alfred. O Alfred é uma das primeiras IA abrangentes para CRM, projetado para colocar inteligência na tomada de decisão. Alimentado por análise preditiva, processamento de linguagem natural e mineração de dados. De maneira geral, o surgimento da IA apresenta às empresas uma ampla gama de benefícios e oportunidades únicas, ajudando a gerar receita previsível.

Afinal, o centro de uma empresa deve estar em gerar experiências incríveis para os clientes. Fazendo uma analogia, se o relacionamento com o cliente é o coração do sucesso, então o CRM é a válvula que impulsiona a empresa, é o sangue que circula por toda a corporação. Hoje, o crescimento sustentável da empresa baseia-se na forma como ela conhece seu público. Mas não nos esqueçamos nunca: tecnologias sistemas, com IA e também agora o BEA (*behaviour of everything*), são meios. O fim são pessoas, humanos sempre.

Um *cockpit* do líder: nunca se esqueça da história do menino e da corrida de bicicletas.

Os sistemas de gestão de relacionamento com os clientes são, da mesma forma, importantíssimos sistemas para a gestão da força humana de vendas. Permitem aos líderes de vendas uma das maiores preciosidades e um fator fundamental do sucesso de uma organização: a qualidade do preparo das estimativas e das metas de vendas para os próximos ciclos comerciais. Uma meta boa precisa ser MAES – Meta Audaciosa, Espetacular e Sustentável.

Metas de vendas determinam o nível do "poder positivo do incômodo", espantam as zonas de conforto. Empurram toda a empresa para competir, para se autopressionar. Mas essas metas precisam ser também sustentáveis, ou seja, realizáveis. Os sistemas de CRM oferecem uma poderosa quantidade de informações que se forem traduzidas em conhecimento e devolvidas às forças humanas de vendas na forma de foco e estratégia objetiva ali está presente 70% do sucesso das vendas. E os números de vendas são aqueles que vão orientar e definir toda a saúde econômica e financeira de uma companhia.

Dessa forma, atenção, por trás de um bom CRM, você terá à sua disposição a melhor gestão de cada vendedor e elementos para estabelecer uma MAES – Meta Audaciosa, Espetacular e Sustentável. Um *cockpit* do líder.

Como administrar seu tempo de forma eficaz

Na mensuração, o uso do tempo leva ao controle da produtividade. Levando em consideração esse aspecto, podemos transformar uma equipe de 50 vendedores em uma de 100 em termos de eficácia, ou também termos 100 profissionais que podem valer menos do que 50.

A eficácia do uso do tempo depende de métricas de produtividade e da qualidade de sua utilização. Essa administração é decisiva dentro da chave da mensuração.

Em geral, não sentimos o efeito da administração do tempo na primeira metade da campanha de vendas. Começamos a notá-lo quando vamos nos aproximando do tempo-limite para o encerramento das vendas.

As campanhas comerciais costumam aparentemente ir bem até 70% de seu tempo e ser muito angustiantes nos últimos 30% do período. Como nas Olimpíadas, a cada marca de uma maratona sabemos se estamos com chance de ganhar a corrida ou não. E, nos últimos metros, vem a grande decisão. Nos últimos metros, distinguem-se os grandes atletas, excepcionais, dos também ótimos atletas, mas não extraordinários. Da mesma maneira, isso é válido para o dirigente de uma poderosa força de vendas humana. E aqui seguem contribuições muito práticas para você, caro leitor:

» Uma das coisas que poderá levá-lo ao sucesso com rapidez é a administração de seu tempo como gerente de vendas. Quando falamos em "administração do tempo", queremos dizer: "Quanto do tempo disponível você usa para vender mais?". Falamos aqui de cem por cento do seu dia, de quanto de fato você utiliza para aumentar suas vendas. É muito comum gerentes de vendas canalizarem todo o esforço para resolver os famosos assuntos "burocráticos", ou seja, assuntos que têm de ser resolvidos, mas que não são urgentes e podem muito bem ser resolvidos em outro momento.

» Priorização do uso do tempo. Foco. Coisa sagrada. Tivemos um gerente muito minucioso, excelente em minúcias, o chamávamos de campeão dos detalhes. Porém terrível no *timing*, lentíssimo, apesar de ótimo em precisão, mas se perdia com preciosidades fora da prioridade do momento. Então, resolvemos oferecer a ele um *coaching* de administração do tempo. Passado um mês, perguntamos: e aí, terminou o *coaching* de administração do tempo? A resposta nos fez rir intensamente, adivinha qual foi? "Ainda não chefe, não tive tempo." Ria conosco, para esse gerente, nada de bicicletas de corrida. Coloque-o no setor dos triciclos lentos.

» Imediatamente, estabeleça horários para alguns assuntos. Não deixe a rotina burocrática tomar conta de seu tempo. Há assuntos que podem ser resolvidos em outra hora. Podem ser resolvidos bem cedo ou no final do dia. Conhecemos muitos gerentes que, no final do dia, afirmam: "Resolvi um monte de coisas", mas se trata de assuntos burocráticos e não dos relacionados ao aumento de vendas.

» Alguns se escondem na burocracia com o intuito de ocupar seu tempo. Não faça isso! Reúna-se com os departamentos que interagem com você a fim de acertar a tal rotina de trabalho. O que não se pode é ser interrompido às dez da manhã, um horário produtivo, para participar de alguma reunião que poderia ter sido realizada às oito horas. Estabeleça horários para falar com cada departamento. Aja assim e lhe garantimos que terá um bom retorno.

» Conhecemos um gerente de vendas que dá uma importância tão grande ao tempo dele que, durante o expediente, quando as vendas estão fervendo, você jamais consegue falar com ele. Esse gerente estabelece um horário com todos dentro da empresa, e tudo tem de ser cumprido à risca. Compare-se aos grandes líderes empresariais: observe o valor que dão ao tempo e o valor que você dá.

» O maior ladrão de seu tempo é você mesmo. Apenas você pode deixar de roubar o próprio tempo. Preste atenção. Há coisas urgentes a resolver, mas perceba que, na maioria das vezes, seu tempo está sendo roubado por coisas que poderiam ser resolvidas de outra maneira ou, o que é melhor, em outra hora.

» Conte o tempo. Cronometre o tempo que você e sua equipe estão gastando com as partes nobres do processo de venda. Quanto gasta com procedimentos burocráticos? Cuidado, muitos *key accounts* (gerentes de contas especiais) perdem mais tempo como despachantes internos do cliente dentro da empresa do que investigando o planejamento estratégico do cliente, sabendo das mudanças políticas ou acompanhando os experimentos dentro da indústria, ao lado de usuários finais. Quanto tempo seus vendedores estão perdendo no deslocamento? É preciso redefinir e ressegmentar as áreas geográficas? Quanto tempo os vendedores estão perdendo sem chamadas frias ou prospecções fora de sentido? Administre seu tempo e o tempo da sua equipe. Uma poderosa força de vendas humana precisa estar bem "azeitada e cronometrada".

» Cuide também do tempo de seus vendedores. Você, como gestor, deve identificar qual o horário mais produtivo da equipe. Procure fazer reuniões produtivas; ensine-os a administrar o tempo diário de vendas. Tente educá-los para que o tempo deles seja colocado quase cem por cento nas vendas. Orientar os vendedores quanto à administração do tempo é dever do gerente de vendas.

» Às vezes, temos na equipe vendedores que não estão produzindo mais por pura falta de administrar bem seu tempo. Há gerentes que "roubam" também o tempo dos vendedores com reuniões improdutivas. Procure descobrir onde o tempo do vendedor é "roubado". Seja um mentor do tempo para seu vendedor. Seja um conselheiro para ele, alguém com uma mente superior.

» É muito simples: um campeão de vendas administra bem ou não o seu tempo? Com certeza, um campeão de vendas é um grande administrador de tempo. Um grande gerente de vendas administra bem o seu tempo e também o de sua equipe.

» O líder precisa ser percebido o tempo todo. Chamamos isso de liderança invisível. Para que essa percepção de *presentness*, como se diz em inglês, presençabilidade, se fosse possível traduzir, cabe ao líder ser o primeiro a chegar, o último a sair e ter uma marca mental de valores forte ao lado de cada vendedora e vendedor, por mais distante que possa estar.

» Cada vendedora e vendedor são pessoas diferentes. Não existem dois iguais. Um líder é pago para conduzir pessoas. Todas desiguais. A criação de um amálgama que as reúna, além dos sistemas, clareza de objetivos, processos, métricas justas e negociadas. É necessária a compreensão pelo líder dos poderes carismáticos.

O carisma é uma habilidade de encantar, persuadir, seduzir por meio da sua forma de agir e de ser.

Vem do grego *khárisma*, graça. Do latim *charisma*, dom da natureza, graça. Dizemos ser o talento de chegar ao cérebro humano pela via do coração. A razão orienta, mas é a emoção que movimenta.

Há uma diferença ética sobre líderes carismáticos. Serão julgados pelo tempo. Grandes líderes carismáticos superam o tempo e criam comoção. Isso quer dizer resultados que jamais se desvanecerão com o tempo. Líderes carismáticos que apenas encantam são passageiros. E aqui vai uma sugestão: pare, pense e registre num papel, ou no seu *iPad*, quais foram os líderes na sua vida que perduram até hoje e que você poderia chamar de mentores?

E, sobre eles, preste atenção em como utilizam o tempo.

Eis o segredo: administrar a si mesmo e à sua equipe.

Estabeleça horário para tratar dos assuntos burocráticos, e não se esqueça sempre de, quando alguém lhe lançar algum assunto, perguntar: "Precisa ser resolvido agora?".

A missão de um líder moderno é salvar suas equipes de demandas não prioritárias, de muitos quesitos oriundos de áreas das empresas chamadas de serviços compartilhados. Precisa filtrar e negociar. Burocracia não vende.

A qualidade da vigilância é parte da mensuração

O preço a se pagar pelas boas vendas é a eterna vigilância. Veja a seguir os 50 erros mais graves que prejudicam a carreira dos gestores de vendas. Responda a si mesmo o *checklist* a seguir.

Cinquenta graves erros que prejudicam a carreira dos gestores de vendas:

1. Bom aproveitamento em vendas não se estuda; é dom.
2. Meu negócio é vender, o resto é com os outros.
3. Sou gerente de vendas, não preciso estudar *marketing*.
4. Não existe isso de planejar em vendas; tem de sair e vender.
5. Não trabalho com vendedor comum.
6. A culpa por não ter vendedores campeões é da área de recursos humanos.
7. Só trabalho com vendedores de que eu gosto.
8. Cliente é um mal necessário.
9. Não gosto dos meus vendedores, mas preciso deles.
10. Vendedor não pode ganhar mais do que o gerente.
11. Meu vendedor está sempre certo; errados são os outros.

12. Meu negócio é vender; prestar serviço é bobagem.
13. Não acredito em mulheres na área de vendas.
14. Mulheres no televendas, homens no campo – é isso aí.
15. Gerentes mulheres? Nem pensar!
16. Só trato com os grandes clientes; são meus amigos.
17. Sociologia, psicologia, filosofia – tudo besteira.
18. *Marketing* é frescura; meu negócio é vender.
19. Informatização da força de vendas é desnecessária.
20. Quanto menos meus vendedores falarem com a engenharia, melhor. Vendedor é vendedor; engenheiro é engenheiro.
21. Não quero que os vendedores venham à empresa; só falam asneiras.
22. Quanto maior a comissão, mais vamos vender.
23. Quanto menor a comissão, mais vamos vender.
24. Vendedor tem de ser malandro velho.
25. Sem bronca vendedor não funciona.
26. Não acredito em processo de seleção e recrutamento.
27. Treinamento é desperdício de tempo e de dinheiro.
28. Estimativas e metas de vendas é "me engana que eu gosto".
29. Convenção de vendedores é só festa.
30. O melhor vendedor será o melhor gerente.
31. Não serve como vendedor, pode dar um grande gerente.
32. Quanto mais enrolado e endividado, mais o vendedor vai vender.
33. Não quero mais nenhum vendedor veterano.
34. Vou diminuir a força de vendas e vender muito mais.

35. Vou aumentar a força de vendas e vender muito mais.
36. Só vou trabalhar com meia dúzia de grandes clientes e cortar despesas.
37. Agora é tudo autônomo.
38. Agora é tudo assalariado.
39. Agora é tudo comissionado.
40. Agora é só distribuidor.
41. Agora é só televendas.
42. Agora é só *Internet*.
43. Gerente não se mistura, aparece de vez em quando.
44. Não preciso de pós-graduação; sou vendedor.
45. Faço tudo o que o cliente pede; o cliente é o rei.
46. Cliente é tudo igual, não é preciso estudar segmentações.
47. Pesquisas de mercado são tolices desnecessárias.
48. Não realizar as estimativas de vendas é algo normal.
49. Sou um grande gerente, minha equipe de vendas é que é fraca.
50. Não me interesso pelas outras áreas da empresa; participar do planejamento estratégico é perda de tempo.

(Baseado nas experiências desses autores)

Se concordou com mais de cinco afirmações, é necessário rever seu critério de tomada de decisões e de como mensura e estabelece prioridades e metas de vendas e de desempenho para a força comercial.

Reveja a si mesmo, sua visão de mundo. Como gestor, você não pode a três por dois: generalizar, eliminar e distorcer. Estude neurolinguística. Fará bem.

Quem não erra não faz. É verdade. Mas podemos melhorar a qualidade dos nossos erros, para não pecarmos nos fundamentos básicos.

O segundo caminho: a mensuração não precisa ser superdimensionada. Existem os 20% dos esforços que geram 80% dos resultados. É esse aspecto que deve receber foco e controle mensurável.

Da mesma maneira, a ausência de controle e de indicadores é preocupante para um dirigente de vendas.

Verifique quais são os dez índices de vendas mais adequados à sua realidade e que significam controlar aquilo que gera os 80% dos resultados efetivos.

ENCORAJAMENTO
o terceiro caminho
3

Invista mais em preparação do que em predição.
Os autores

Muitas pessoas nos perguntam: como não temer o palco? Como tomar coragem para vender? Como não tremer durante uma apresentação? Temos uma fórmula: quanto mais bem preparado você estiver, mais coragem interior e menos medo sentirá dentro de si. A tensão pré-trabalho em palestras e na visitação a um cliente é normal. Mas, quanto melhor for seu planejamento e seu preparo, maior será a confiança interior. Tendo em vista esses pontos, portanto, o terceiro caminho para criar uma poderosa força de vendas humana só poderia ser o treinamento, o conhecimento, a educação, a cultura, a leitura e o preparo – tudo isso gera encorajamento.

Coragem é o que surge quando temos um grande desafio pela frente e sabemos que ele vale a pena. Então, a motivação aparece. E a coragem legítima – não a falsa, ilusória – pede por preparo. Tomamos consciência de que não podemos fazer nada sozinhos. Aprendemos a solicitar ajuda; permitimo-nos ser encorajados por tudo o que nos cerca – trata-se do preparo.

Talento é a capacidade de nos entregarmos às experiências e aprendermos com elas. O grande encorajamento é feito com a absorção de conhecimento e a evolução humana, competências da força de vendas humana.

Aumente o conhecimento da equipe

Uma das melhores formas de ter uma equipe forte é alimentá-la com conhecimento. Poucos são os vendedores que têm o hábito da leitura e é ainda menor o número de gerentes que, além de ter esse hábito, estimulam-no em sua equipe. Um bom gerente de vendas incita os vendedores ao hábito da leitura.

Faça o papel de educador também. Os vendedores se sentirão valorizados. Selecione a literatura que tenha tudo a ver com seu negócio. Verifique quais revistas, jornais e publicações estão relacionados ao negócio. Assine essas publicações; peça aos diretores que paguem pela assinatura. Cobre dos vendedores a leitura, afinal, estamos falando de literatura relacionada ao seu negócio.

Muitas vezes, o vendedor está em determinado ramo vendendo o produto, mas não compreende o que acontece na área em que atua. É importante o vendedor estar sintonizado com o ramo de atividade, pois poderá falar sobre ele de igual para igual com os clientes. Estar informado sobre o que acontece no mercado de atuação, como dissemos, é obrigação. Se vende pneus, o vendedor tem de ler algo relacionado a pneus. Se vende reserva de hotéis, tem de ler algo relacionado a turismo.

Assine também revistas de treinamento, *newsletters*, manuais de vendas e ainda toda literatura relacionada ao fortalecimento da equipe em treinamento, motivação e liderança.

Existe no Brasil uma série de revistas, informativos e *News* relacionada a treinamento de vendedores e liderança. Procure todas as publicações desse tipo e as assine. Algumas são até de graça e podem ser recebidas por *e-mail*. Depois, é só imprimi-las e distribuir para a equipe.

Leia algumas das informações das revistas em voz

alta para o grupo. Estimule-o com essas informações. Um dos maiores gerentes de vendas que conhecemos fazia isso: estimulava a literatura na equipe.

Não despreze a literatura motivacional para os vendedores. O que não é bom para você pode ser para outros. Portanto, assine tudo o que puder: revistas, artigos, mensagens de técnicas de vendas e motivação.

Lembre-se de que nem todos na equipe são iguais. E você não deve achar que essa característica prejudicará a equipe; não rotule os vendedores como sendo você. Trabalhamos nas empresas nacionais e internacionais, e hoje somos empresários. Portanto, podemos afirmar: em todos os lugares, temos seres humanos fortes e fracos.

Fortaleça a sua equipe. Ela se sentirá valorizada por seu esforço. E não ache que todos devam ser iguais a você. A partir de hoje, procure a literatura relacionada a seu negócio e também a literatura a respeito de técnicas de vendas, liderança e motivação.

Dirigir a força de vendas humana é ensinar e encorajar o tempo inteiro

Como dito antes, uma boa prática para o dirigente de vendas é assumir que uma das missões que tem é ser um educador. Em vendas, ele precisa ser o professor número um. Suas apresentações, palestras, reuniões devem sempre abranger assuntos empolgantes de técnicas de vendas. Para isso, o dirigente precisa ser curioso e utilizar o tempo para aprender o que tem de atual no campo da psicologia, do comportamento dos compradores e dos consumidores, e usar a própria experiência de seu quadro de vendas para gerar um ambiente positivo de crescimento com base na observação dos casos de sucesso.

Eduque seus vendedores para interpretar e separar *fake news* de *right news*. As redes sociais e as mídias sociais fazem parte do nosso sistema nervoso e neurônico. O que no passado só se fazia boca a boca, agora o w2w (*WhatsApp to WhatsApp*) cria os instantes no mundo inteiro.

A *Internet* nos coloca o mundo à disposição. Genial para pesquisar cliente a cliente. Genial para distribuirmos estímulos fascinantes, celebrar pequenas vitórias o tempo todo. Mas, se não educarmos nossas equipes para o uso das redes e mídias sociais, você não estará no comando das equipes e sim qualquer louco do outro lado da vida digital, quem sabe até um avatar gestor concorrente virtual?

Tem um ponto de venda, foi um restaurante famoso, excelente para vender num ótimo bairro de São Paulo. Moema. Todo dia passo em frente. E todo dia, atrás de uma placa escrita "corretor de plantão", existe uma corretora mergulhada e hipnotizada pelo seu celular conversando sobre qualquer coisa, menos negócios, e sem nunca levantar os seus olhos para potenciais interessados, passantes físicos, à sua frente. São dois meses de pesquisa real, feita por mim. Nunca vi essa corretora olhando para a porta. Sempre hipnotizada pelo seu celular.

Sob o ponto de vista de *rapport*[2], um zero absoluto.

Redes e mídias sociais geniais, para quem as usa e as domina. Tenebrosas para quem com elas se fascina.

Corretora, acorda!

Os passos da venda precisam ser estimulados e trabalhados. Há um papel de treinamento permanente nas mãos do gestor de vendas. Independentemente dos palestrantes contratados, dos programas e dos cursos oferecidos por universidades e outras entidades, da equipe de treinamento de vendas ou de recursos humanos, cabe ao gestor cumprir o papel de "mentor" na incitação de assuntos sobre a

---

2   relação única de confiança mútua ou afinidade emocional; sintonia humana, afinidades. (N. A.)

arte do relacionamento comercial. É seu papel também ampliar o valor da autoestima e do orgulho do profissional de vendas.

Passos da venda
Os passos da venda, classicamente, são:
1. Planejamento.
2. Descoberta de problemas e desejos dos clientes.
3. Preparo mental do vendedor e da oferta comercial.
4. Estabelecimento do *rapport*.
5. Preparação das perguntas que vendem.
6. Apresentação de soluções e benefícios.
7. Preparação para responder às perguntas que desvendem dúvidas.
8. Conciliação e foco nas decisões.
9. *Rapport* para vender preço e condições.
10. Fechamento da venda e formalização dos documentos.

Para cada um desses passos, há um leque de conhecimentos e possibilidades. Casos dentro do próprio quadro de vendas devem ser extraídos para servir de exemplo. O gestor deve estimular esse debate sadio. No desenvolvimento técnico e profissional da equipe, o gestor perceberá profissionais que são mais apaixonados por planejamento, por exemplo, do que pelo fechamento. Observará outros com alto grau de instinto de fechamento, mas que são negligentes em relação à descoberta dos problemas e aos desejos dos clientes. Haverá outros, ainda, que odeiam a formalização dos documentos, sendo desleixados, mas que fazem apresentações sensacionais de produtos, serviços, soluções e benefícios.

Não podemos desejar que todos os vendedores sejam nota dez em todos os quesitos. Sempre haverá vendedores em que a aptidão natural é maior e no qual ele se destacará. O que não podemos é ter vendedores com nota zero, dois ou três nos outros quesitos dos passos da venda. No mínimo, eles precisam ser razoáveis em todos os pontos que formam o processo da venda, e dar um "show" naquilo que para que têm vocação. Mas atenção: se um profissional de vendas é profundo conhecedor do produto e adora fazer apresentações técnicas, excelente, desde que isso não se torne uma sessão cansativa e extrapole a necessidade do conjunto. Nas vendas técnicas, costumamos ter outros técnicos ao lado do cliente, e possíveis guerras de "egos" entre os personagens técnicos de ambos os lados devem ser evitadas. Sem querer, pode surgir um clima de arrogância, que destrói toda a possibilidade de *rapport*. É quando a sinergia se transforma em alergia.

O gestor deve sempre "rezar boas missas" – falar das técnicas de vendas, valorizar a profissão, aumentar a autoestima da equipe, apresentar os valores da empresa. Enfatizar a importância dos clientes e das demais áreas na organização e colocar luz e foco nos pontos fortes e diferenciados de seus produtos e serviços.

Num bom *checklist*, o estudo dos fundamentos da venda deve ser permanente. Falar deles é um bom hábito. Sendo assim, o gestor em vendas deve sempre refletir e tratar com as equipes comerciais sobre os tópicos elencados a seguir.

» Os aspectos técnicos e diferenciais dos produtos e serviços devem ser parte familiar e incorporada ao conhecimento dos vendedores.
» Os clientes gostam de comprar dos melhores vendedores. Melhores vendedores atraem melhores clientes.
» Antes de cada apresentação de vendas, ou de receber um consumidor no balcão, ou de chamá-lo por telefone, o vendedor deve concentrar-se na razão

de ser de seu trabalho. Ele tem que ser um servidor assertivo. Foco mental vende.
» A preparação para negociar no estilo ganha-ganha é o que garante o futuro.
» As pessoas só compram por uma razão: decidiram comprar. Una o que o vendedor vende ao sonho do cliente.
» Pessoas compram por fatores emocionais. Nossa equipe de vendas tem que saber o que os nossos produtos e serviços causam no âmbito emocional do cliente.
» Vendas exige autodidatismo. Estimule os vendedores a conhecer seus pontos fortes e fracos; a fortalecer os fortes e atenuar os fracos. Um grande vendedor que conhecemos, o Nogueira, costuma gravar entrevistas para ouvir depois e refletir como melhorar.
» Ensine os vendedores a segmentar os diferentes tipos de cliente. Existem duas divisões: clientes conceituais e clientes analíticos. E há as subdivisões: chorões, amigos, tímidos, postergadores, esnobes, insaciáveis. Para cada um deles, a atuação dos vendedores deve ser mental e fisicamente diferente. Vendas é um teatro no palco dos negócios e dos pontos de venda. Os clientes insaciáveis nunca ficam satisfeitos com descontos, prazos, preços, quantidade, bônus, brindes; postergadores estão sempre em preparação perpétua e nunca fecham; esnobes gostam muito das referências e dos símbolos de *status*, bem como da valorização do ego. Pelos tímidos precisamos decidir, e os amigos, devemos proteger, para não fazer com eles os piores negócios da empresa enquanto privilegiamos os insaciáveis sem querer... Às vezes, acontece.
» Ensinar *rapport* aos vendedores é importante. A

arte de espelhar os clientes, o jeito deles, sua forma de falar, os gestos... Tudo isso provoca, de modo inconsciente, a percepção de que o cliente está sendo compreendido, valorizado e reconhecido pelo vendedor.

» A prospecção é o que garante um processo aquecido de vendas. Procurar novos clientes ou novas áreas de interesse do mesmo cliente para vender mais é uma iniciativa inteligente. Prospectar não basta; é preciso gerar prospecções quentes: indicações de atuais clientes, uso de telefone e de *Internet*; participar de entidades, associações, clubes e universidades; apresentar prospecções para grupos de clientes; prestar serviços; levar informações e pesquisas novas; e participar e informar-se sobre eventos, seminários e conferências.

» Nossos vendedores nunca devem se esquecer da cortesia, do "por favor" e do "muito obrigado". E, para os que não conseguem vender, eles têm que pedir a preferência futura: "Compre comigo; farei questão de atendê-lo como ninguém".

» Estimule os vendedores a imaginar e planejar antes; a responder a si mesmos boas perguntas, colocando-se no lugar dos clientes que serão visitados – perguntas que os próprios vendedores fariam se fossem os clientes. Se os vendedores não conseguirem responder a: por que visitar o cliente; como são os produtos e soluções de que o cliente precisa; como os produtos e serviços se ligam às necessidades dos clientes; por que a empresa que o vendedor representa é a melhor; por que os preços e as condições são os melhores; por que o cliente deveria receber o vendedor e decidir comprar com ele; e por que o cliente deve decidir pela compra naquele momento, será muito difícil que a entrevista seja produtiva e canalizada para um fechamento feliz.

» Discuta técnicas de obtenção de entrevistas com a equipe. Seus vendedores precisam entender que primeiro é necessário vender a reunião, e não o produto, pelo telefone. Eles precisam amplificar por telefone a sensação do que farão pessoalmente. Por exemplo, a apresentação de um projeto desenhado em particular para um grande cliente perdido para a concorrência que, pelo simples fato de conhecê-lo, poderá fazer o cliente reconsiderar.

* * *

Uma técnica interessante para seus vendedores marcarem entrevistas é falar em nome de uma terceira pessoa. A utilização da terceira pessoa diminui o medo da rejeição, aumenta a segurança do contato para marcar a entrevista e impossibilita cair na tentação de apresentar a oferta comercial pelo telefone, quando você precisa estar na frente do cliente, ao vivo.

Em vez de dizer:

— Quando você precisa estar na frente do cliente ao vivo, crie uma área de marcadores de entrevistas.

Eles se apresentam, bom dia Sr. Nelson, sou Alfredo Neves, estou ligando... l...

Nossos vendedores têm que dizer:

— Bom dia, senhor Nelson, sou Alfredo Neves. Estou ligando em nome do senhor Mario Figueiras, da Companhia Internacional de Seguros. O senhor tem um momento para que eu possa explicar a razão do meu telefonema?

A chance de o cliente ouvir se amplia. E, sendo incisivo, o vendedor continuaria:

— ...Senhor Nelson, o senhor Mario Figueiras desenvolveu um plano diferenciado e lucrativo para suas operações e solicitou que eu ligasse e marcasse com o senhor quinze minutos para uma curta apresentação, que lhe permitirá decidir se o assunto é importante ou não para sua empresa!

O que pode acontecer em seguida? O cliente poderia pedir mais informações. A resposta, então, seria assim:

— Lamento; não posso lhe dar mais informações, pois não tenho experiência suficiente. O senhor Mario Figueiras é um dos mais experientes analistas de seguro do país, e, pelo que tenho acompanhado, os clientes que o recebem para esses quinze minutos sempre o chamam novamente. Tenho certeza de que serão os quinze minutos mais bem empregados pelo senhor. Podemos marcar?

* * *

É importante ressaltar para os vendedores a importância de materiais visuais nas apresentações para os clientes.

Acostume os vendedores a tratar objeções com naturalidade. A objeção é reveladora de interesse. Existem objeções imaginárias, falsas e válidas. É importante classificá-las e estar preparado para lidar com todas.

Saber se o cliente pode honrar seu compromisso é fundamental, pois a objeção do tipo "Não tenho dinheiro para comprar" pode ser verdadeira. E para um fato assim não existirão argumentos, tampouco será do interesse da empresa conquistar um inadimplente.

No tocante a objeções, converse com os vendedores para que permitam ao cliente terminar de expor seus argumentos. Seus vendedores precisam entender: os clientes não gostam de ser ignorados. Devemos pedir ao cliente que se aprofunde na objeção. Se for um cliente conceitual, devemos indagar: por que a senhora se sente desse jeito? Se for analítico: como a senhora chegou a essa conclusão? Se estivermos diante de uma objeção válida, devemos perguntar ao cliente se podemos tratar dela logo em seguida, pois já está na nossa apresentação. Mas não podemos nos esquecer de fazê-lo realmente.

Certifique-se de que a objeção foi esclarecida. Uma objeção não tratada sempre aparecerá em algum momento futuro.

Exercite as técnicas com a equipe de vendas. Sim, eles podem praticá-las com o pessoal de treinamento. Mas é muito mais estimulante realizar exercícios com você, o gestor, dando o exemplo. Para cada objeção, não responda de imediato. Pausa, pensamento e resposta. Sempre!

O fechamento é decisivo em vendas. Transformar sua equipe numa potência de fechar negócios é importante.

* * *

Descubra qual é a real objeção do cliente para não fechar a venda. Muitas vezes, os clientes colocam três ou quatro problemas para não comprar, escondendo a real objeção. Se não descobrirmos a verdadeira razão da indecisão, gastaremos tempo e argumentos desnecessários.

Técnica da solução do obstáculo

Uma boa fórmula é pegar o ponto que o cliente levanta como obstáculo e perguntar:

— Se esse problema for resolvido, existe algo mais que ainda o incomoda?

O cliente pode argumentar que a distância é grande, que acredita não ter a estrutura de assistência técnica ideal etc. E, novamente, o vendedor pode indagar:

— Certo. Se esse aspecto for resolvido, há algum ponto adicional que ainda o deixaria insatisfeito?

Então, o cliente pode aparecer com o real problema:

— É que não estou em condições financeiras de fazer essa compra!

Nesse caso, uma abertura para recompor o plano de pagamento, entrada, uso de créditos de investimentos etc. canalizariam os esforços do vendedor para a real objeção.

Técnica da pausa

Outra técnica curiosa para se lidar com o pronto fechamento da venda é a da pausa: o poder do silêncio. A primeira pessoa a falar perde o jogo. Lembra-se daquela brincadeira de criança?

Transforme uma questão do cliente num fechamento. Por exemplo:

— Tem branco e para pronta entrega? – pergunta a cliente.

— A senhora gostaria de levar já? – responde o vendedor.

— Sim – responde a cliente.

Fechado. Abrir a venda fechando.

Dependendo do segmento, pode poupar muito tempo e possibilitar a concentração da energia no ponto certo da venda.

Uma história curiosa sobre fechamento de vendas

Conhecemos um vendedor de roupa masculina que perguntava assim:

— Bom dia, senhores, vieram comprar um terno novo?

Conhecemos um outro na área de mídia e publicidade que indagava:

— Se o seu concorrente fizesse isso, como o senhor se sentiria?

E mostrava um plano arrebatador.

Numa loja de eletrodomésticos:

— Se lhe mostrasse uma raridade, uma oferta única de uma máquina de costura, a senhora levaria?

Numa rede de varejo de moda, um grande vendedor jamais deixaria de perguntar com o verbo na forma condicional imperativa o seguinte:

— Vou lhe mostrar os novos *blazers*. (Ou as novas gravatas, ou os novos cintos.)

Quando o cliente havia entrado para comprar meias. Observe que ele não dizia assim:

— O senhor gostaria de ver os novos *blazers*?

Não, ele dizia:

— Vou lhe mostrar os novos *blazers*.

E ia. Vendia mais que todos os vendedores da rede em todos os conceituados *shopping centers.*

Claro, começando pelo fim, resgatar os demais passos da venda é importante para ratificar a decisão na mente do cliente.

Vender significa saber incomodar, mas incomodar gostoso. Numa loja, ali está um início que nos é provocado pelo fim. A visão do produto sob os poderes do *visual merchandising*. Elevar o valor médio de cada venda numa loja é fundamental. Significa vender mais no mesmo espaço de tempo, para o mesmo cliente, e para isso é preciso quebrar a âncora mental que o freguês já traz instalada na sua mente.

Voltando de aulas na França, onde ministramos um *master internacional*, fomos comprar um conhaque na loja Hennessy no aeroporto Charles de Gaulle. Na cabeça, gastar no máximo 70 euros numa garrafa de um ótimo Hennessy. Ao entrar na loja, num altar, protegida e com a inscrição proibido tirar fotos, uma garrafa no valor de 20 mil euros.

Ficamos profundamente indignados, incomodados. O vendedor se aproxima e perguntamos:

— Meu amigo o que tem numa garrafa para valer 20 mil euros?

Em poucos minutos, uma aula sobre as cepas, o *blending*, e nos fez degustar, emocionalmente, o que significaria sorver um *spirit* com aquela categoria.

— Quais conhaques você tem aqui? – perguntamos.

E o exímio vendedor mostrou diversos, de 1000, 700, 500, 300, 200, 120 e 70 euros. E finalizou:

— Todos ótimos conhaques Hennessy.

Entramos para comprar um de 70. E dissemos assim:

— Ok! Nos dê o de 200 euros.

Então, perguntamos ao vendedor:

— Alguém aqui já comprou um conhaque de 20 mil euros?

— Nunca – ele disse. Mas é graças a ele que vendo muito mais o de 200 do que o de 70.

Grande lição.

Técnica do *balanced score reasons to buy*

O *balanced score reasons to buy* é uma técnica de fechamento em que colocamos do lado esquerdo as razões positivas para comprar e do direito as negativas. Teremos dezenas de bons motivos para fechar e algumas questões para não fechar já, agora (palavras fundamentais). A demonstração evidente do balanço positivo para o fechamento será útil ao lidar com clientes tímidos, insaciáveis e postergadores.

Lançar mão das possibilidades de não fechar a compra pode auxiliar quando tratamos com clientes dos tipos esnobe ou insaciável.

Se você não fechar, o proprietário ficará feliz, pois disse que semana que vem não vai mais vender este sítio.

***

A data-limite de fechamento é muito utilizada na venda de mídia.

Perguntas paralelas: cartão de crédito, débito ou boleto?

Desenvolva questões e habilidades de fechamento junto à equipe. Isso ampliará o elo entre os vendedores e você.

» A maioria dos vendedores só tenta dois fechamentos. Aumente a solicitação do fechamento da sua equipe. De quatro a seis solicitações de fechamento por venda é o indicado.
» Todos os que são remunerados por seus resultados são os próprios patrões. Trabalhe o empreendedorismo da equipe. Ninguém é responsável pelo sucesso de cada pessoa além dela mesma. Coragem é um ingrediente indispensável nos profissionais de vendas. Aja como se tivesse atingido o desejado. Esse poder de visualização cria o potencial positivo antes da realidade. Além de criar realidades novas.
» Na Disney, está escrito: *"Where the dreams come true"*, onde os sonhos viram realidade. Vender significa o encontro dos sonhos. Uma extraordinária força de vendas humana sabe sonhar junto. Pois quem sonha junto faz acontecer a realidade, assim já cantou Raul Seixas.
» Ensine aos vendedores a estudar e a não ter vergonha de imitar as qualidades fortes dos melhores vendedores da equipe: expressões faciais, gestos, voz, postura. Se incutir esse hábito entre os vendedores, os resultados serão ampliados.
» Nunca se esqueça de que o papel do gestor é o de provocar hábitos saudáveis, processos que conduzam a resultados e fazer com que a maioria dos vendedores os adotem.
» Seja como líder o guardião com o cajado das sabedorias à mão. Um mentor além de gestor.

* * *

Um curioso hábito

Uma experiência com macacos é intrigante e muito conhecida.

Cientistas ofereceram um alimento diferente para macacos de duas ilhas distantes. Batata-doce. Elas foram jogadas na praia e ficaram misturadas com areia. Um macaco bebê pegou uma para brincar, rolou até a água e a comeu.

Em seguida, outros bebês macacos o imitaram. Passado um tempo, todos naquela ilha estavam comendo a nova refeição.

E, como num milagre ainda desconhecido da ciência, na ilha vizinha e distante, sem comunicação física entre os símios, os outros macacos também começaram a comer batatas-doces!

Imagine agora com as redes sociais planetárias. As mudanças saltam de países para países, jovens para jovens que nunca se viram fisicamente, consumidores para consumidores de distintas faixas de renda e idade, como se todos estivessem vivendo na mesma tribo e veloz.

Hoje, só existem dois tipos de líder de vendas:

Os velozes e os desaparecidos.

* * *

Em vendas, a principal missão do dirigente é inspirar atos corretos. A partir de certo ponto, todos os adotam e a liderança vai ficando cada vez mais presente. A educação e o preparo são a forma humana de encorajar, passando para toda a força de vendas o sentimento interior de que todos são capacitados. E, ao se sentirem capazes, os vendedores desenvolvem o ingrediente essencial na área comercial: a alegria.

A alegria precisa ser dominante num ambiente de vendas.

Admitir e promover *vs* demover e demitir

Atos do dirigente falam mais alto do que os mais vigorosos gritos, podendo encorajar quem precisa ou desencorajar quem deveríamos.

Amigos e relações amorosas

Um ponto sagrado para que o dirigente seja respeitado é que seja visto como uma pessoa justa. O gestor deve ser alguém que não favorece amigos só por serem amigos.

Um bom gestor jamais permitirá haver envolvimento de sedução e sexualidade com um subordinado seu. Todas as experiências que observamos em que ocorreu uma junção de sedução e envolvimento sexual terminaram de forma terrível, tanto para o gestor quanto para o vendedor ou vendedora, com consequências negativas para a empresa e para todo o quadro comercial.

Mas um (ou uma) gerente não poderia se apaixonar verdadeiramente por alguém da equipe, e desse relacionamento resultar um casamento e uma família saudável? Sim, é possível – mas pouco comum.

Conhecemos não mais que meia dúzia de casos assim ao longo de trinta anos de vida profissional. E conhecemos dezenas de boas desgraças dessas tentações. A recomendação que deixamos para o dirigente é que olhe para o quadro de vendas como profissionais merecedores de respeito, e todos eles merecedores de programas de evolução. Sabemos que vender desenvolve o potencial sedutor do ser humano. Porém, no ambiente empresarial, esse talento precisa ser canalizado para a ética do relacionamento técnico. Mas, mesmo assim, se um(a) gerente se apaixonar por um(a) vendedor(a), e vice-versa, a providência clara a ser tomada é a comunicação desse enlace ao grupo. O correto é, então, que o vendedor passe a ser dirigido por outro gestor da empresa, eliminando a subordinação direta. Ou que o gestor possa assumir outras equipes. Na posição de gestores, somos observados e analisados o tempo todo. Justiça e equidade no tratamento com todos os profissionais de vendas é o princípio sagrado para a carreira de um gestor.

Ser justo e estimular o crescimento de cada membro da força de vendas é o que vai destacando um líder admirado de um simples bom gestor. Por isso, cuidado com parentes e paixões pessoais no ambiente de trabalho.

E amigos, podemos ter? Claro! E teremos. De alguns gostaremos mais que de outros. Somos humanos. Mas a diferença está no tratamento profissional. Nunca devemos privilegiar ninguém. Jamais devemos deixar de gostar de uma pessoa da equipe por discordar de seu gosto pessoal. Em vendas, os números e a qualidade com que são construídos dentro dos valores da organização falam mais alto.

Cuidado com as paixões pessoais. Um aparente vendedor "dissidente" pode estar sendo mais honesto com você do que um vendedor que só diz "sim" enquanto o vê entrar num pântano e continua sorrindo e acenando, escondendo-se atrás de uma possível falsa amizade e admiração. Duvide do que você pensa. Com o passar do tempo, vamos descobrindo que decidimos muitas coisas tendo em mente o que pensávamos, mas o que pensávamos que sabíamos não era bem assim.

Como gestor, você é o fiel depositário de um ativo humano, de um capital intelectual que pertence à companhia. Todo o seu pensamento deve estar conectado com aquilo que é melhor para a empresa.

Admissão de novos vendedores

Na admissão dos vendedores, está o momento-chave da criação de uma grande equipe de vendas. Seja muito parcimonioso nas contratações; não o faça por ímpeto, nem por ouvir dizer. Em geral, são os piores vendedores que circulam no entra e sai de uma empresa, e assim ficam sobrevivendo na massa do *turnover*[3].

Grandes vendedores circulam muito menos. Costumam ficar bastante tempo nas empresas. Descobrir novos talentos em vendas é também uma obrigação do gestor.

Mais do que "saber vender", é uma questão de visão de vida, de valores. É como alguém que reage perante as dificuldades do mundo, as incertezas e as rejeições que a profissão sofre. Vendedores são otimistas. Existem os otimistas que não pensam e os otimistas que pensam, planejam e realizam. Precisamos de pessoas otimistas, que acreditem na abundância e nas oportunidades, e que consigam planejar, pensar e executar realizando. Descubra conhecendo a história de vida de cada pessoa. Não importa se já atuou em vendas. Para os novos talentos, verifique quanto essa pessoa já precisou "vender a vida para si mesmo", quanto ela já "comprou" de esperança para superar situações pessoais. De onde ela veio? Onde ela está? Analise se é um ser humano que tem boa empatia, capacidade de se colocar no lugar do próximo, se tem uma dose de vigor, de tônus vital – que representa a força do seu ego de superar e de obter vitórias, de deixar marcas de conquistas por onde passa.

Use o período de avaliação que a própria lei permite, noventa dias, para avaliar como os novos profissionais

---

3   Turnover: Rotatividade na admissão e demissão de profissionais. (N. A.)

reagem perante as situações. Se sabem pedir ajuda, se ficam incomodados por não estar produzindo. Em síntese, use o período para observar suas verdadeiras reações diante do mundo real e analisar o tanto que conseguiu vender, se muito ou pouco. A atitude de alguém perante a vida permite descobrir, até mesmo, aptidões das quais nem sempre se tem consciência. Avalie as atitudes e, por meio delas, se existem pontos fortes na pessoa que lhe permitirão transformar-se num profissional de vendas da média para cima.

E observe com quem criam amizades e se relacionam muito mais. Seremos o resultado das pessoas que admirarmos. E cabe a um líder olhar quais afinidades naturais atraem suas pessoas.

Quando iniciei minha carreira de vendas, aos 18 anos, eu era o pior vendedor da empresa. Havia ali uns 50 vendedores. Eu o pior. Mas não estava sozinho. Tinha o meu melhor amigo, o Almeida, tão ruim quanto eu. Não vendíamos nada para ninguém. Mas adorávamos sair para vender juntos. Terminado o expediente, descíamos no bar e ficávamos conversando como piorar mais ainda no dia seguinte. E quem odiávamos? Fácil, o melhor de todos. Era o Nolasco.

Dentre os 50 haviam uns cinco ou seis muito ruins como eu e outros cinco ou seis bons como o Nolasco. E uns 30 mais ou menos. O que acontecia? O time dos ruins, onde eu jogava, estávamos sempre juntos e reunidos. A turma dos campeões, do Nolasco, nunca gastava tempo com conversas e fofocas. Um dia, o dono da empresa me chamou e disse: "Vou mandar embora os vendedores que não vendem e você está junto. Te dou uma chance, passar 30 dias aprendendo com o Nolasco". A contragosto, fui. E admirei aquele vendedor, aprendi que na profissão preciso me inspirar nos melhores profissionais. Isso não quer dizer que não possa ser um grande amigo de todos.

Mas geralmente os melhores vendedores não são imitados. Cabe ao líder atuar com os melhores ajudando na conquista dos medianos, e para conquistar o lado mais fraco das equipes precisamos do coração. Afinal, a razão orienta, mas é a emoção que movimenta.

Promoções

Tenha cuidado extremo com promoções, como passar bons vendedores para a gerência. Gerenciar não é ser um grande vendedor. Antes de dar algum cargo a alguém, veja se, naturalmente, a pessoa já não o conquistou.

Essa é a forma mais saudável de promover: quando a promoção não antecede a ação e o reconhecimento. A ótima promoção se dá quando a ação, a atitude e o reconhecimento da equipe já antecederam a legitimidade da promoção. Depois que promovemos, demover será sempre um ato que deixará feridas. Deslocar uma promoção errada para uma outra área, para um segmento novo, no qual a chance daquele profissional poderia ser melhor, exigirá muito diálogo e bastante maturidade de ambas as partes. E, é claro, deve contar com o aval da área de recursos humanos, do ponto de vista da adequação das leis trabalhistas.

Quanto mais bem-feito é o plano de vendas, e quanto mais bem negociado é esse plano com cada supervisor e vendedor, tendo as métricas claras e acompanhadas, mais justo fica o ambiente de trabalho. Quanto mais cada membro da equipe é acompanhado e tem um sistema de avaliação claro e sobre qual se dialoga com frequência, em boa e honesta comunicação, mais transparente é o ambiente. E isso ajuda muito no sucesso do gestor.

Se for de seu interesse, deixamos aqui os links dos nossos cursos:
- Escola K.L.A. – www.escoladenegocioskla.com.br
- FGV: http://www5.fgv.br/fgvonline/Cursos/gestao/Gestao-Da-Forca-De-Vendas/GFORVEAD--02slsh2011-1/GFORVEAD_00/SEM_TURNO/

Demissões
Porém, não vivemos sempre num mar de rosas. Existirão os momentos duros e difíceis, em que precisaremos demitir. Após uma boa clareza sobre os pontos de insatisfação e o acompanhamento deles passo a passo, e depois de termos consciência de que algumas pessoas estão fechadas para o progresso em adquirir novas competências essenciais para a missão, os próprios resultados devem ir falando por si. Um porcentual de saídas e de demissões é natural na força de vendas. Qual é o porcentual? Dependerá de cada ramo. Porém, um *turnover* zero pode ser tão errado quanto 50%.

Saber promover é parte da avaliação do dirigente, bem como a justiça, o acertar, o não privilegiar este ou aquele. Transparência. E demitir também. Em geral, a equipe fica incomodada e repara quando mantemos pessoas cujo maior sonho é serem demitidas ou, em muitos casos, aquelas que estão mais apaixonadas pelo concorrente do que pela atual empresa. A equipe de vendas conhece quem não está trabalhando, quem está mais fora do que dentro. E, sem dizer nada, comenta nas rodas:

— Só o chefe não vê. O Fulano já está procurando emprego em tudo que é lugar, não trabalha, não faz nada... até quando?

E a experiência revela. Em grande parte, já esperavam ter sido demitidos antes. Muitas vezes, exageramos nas oportunidades dadas, motivadas por avaliações equivocadas ou por medo de demitir. E, dentro da justiça, a vigilância do gestor é importante para manter a consciência de que, em vendas, lidamos com o ser humano. Fraquezas ocorrem. Tomara que isso não passe por sua gestão, mas fraudes e ausência de ética são possíveis. Não se trata de criar um sistema de investigação e partir do princípio de que todos precisam ser vigiados. Esse espírito, se predominar, impedirá o crescimento criativo e saudável de uma equipe de vendas. Porém, em algumas situações, talvez precisemos agir com rigor. Nessas horas, não hesite; não abra os ouvidos para as típicas fofocas de vendas. Não fique exposto, como gestor, tornando-se ouvinte desse que leva e daquele que traz. Porém, mantenha os sentidos aguçados. Conversas indiretas com clientes, com outras áreas, com fornecedores e mesmo nos locais frequentados pelos vendedores são reveladoras de atitudes e emitem sinais de possíveis problemas sérios de comportamento.

Claro, quanto melhor você contratar, quanto mais souber da história de quem está chegando, menor a chance de ter na equipe algum problema de desvio de caráter. Porém, trata-se de algo que precisa constar no plano de preocupações de um gestor de vendas. Aproxime-se das áreas de pós-vendas; crie sistemas que permitam olhar e analisar relatórios das áreas como SAC (Serviço de Atendimento aos Clientes); crie símbolos e ambiente que promovam não apenas grandes vendas em termos de resultados, mas também profissionais que sejam reconhecidos pela ética de sua carreira.

***

Eis aqui um exemplo de como um gestor auscultava e vigiava, sutil e elegantemente, sinais de desvios comportamentais. Primeiro, analisava os relatórios de reclamações, de atendimento ao cliente, de pós-vendas, da assistência técnica. Também instituiu uma pesquisa de avaliação da qualidade da equipe de vendas, por parte dos clientes – pesquisa realizada por uma empresa externa.

Esse gestor costumava olhar com mais atenção todos os chamados "estouros" de vendas, as grandes e surpreendentes vendas. Fazia uma checagem pessoal, uma ligação da diretoria parabenizando o cliente e reforçando o atendimento do vendedor. Esse gestor prestava atenção a casos de vendedores novatos que, já de cara, vendiam muito. Olhava com mais minúcia.

Enfim, desenvolveu alguns indicadores que chamavam sua atenção. Mas agia sempre sem alarde, pois partia do princípio da correção e da boa intenção geral, até que se provasse o contrário.

Esse gestor também costumava ir de vez em quando a uma lanchonete onde grande parte dos vendedores se reunia informalmente após o expediente. Era um ponto de encontro. Na empresa, algumas pessoas prestavam serviços para os vendedores. Um vendedor de sapatos sempre passava por ali. Havia um vendedor de gravatas. Outro era o lavador dos carros da equipe. Uma vendedora da Avon e outra da Natura circulavam entre os vendedores, e até mesmo uma vendedora de florais frequentava o ambiente, prestando seus serviços. Pois bem, essa rede informal, de vez em quando, era alvo de um bate-papo do gestor. Conversas sobre a vida, os negócios. E, assim, ele identificava se alguém estava devendo e não pagava, se havia algo estranho, mas nunca com perguntas diretas. Ao fazer isso, ouviu certa vez, do dono da lanchonete, que os vendedores estavam ótimos, mas que ele estava com problemas para receber uma conta do bar de um dos supervisores. E – algo muito estranho – a conta já se arrastava por seis meses. Crescia, e a pessoa achava desculpas associadas às baixas vendas e protelava os pagamentos; porém, continuava consumindo.

O gestor pegou esse sinal e foi analisar as vendas dessa pessoa e da sua equipe. Viu que estavam vendendo bem e que os ganhos se encontravam acima da média estimada, por isso achou estranha aquela atitude. Ficou atento ao assunto. Conversou com o gerente que era responsável pelos cálculos das comissões e pagamentos das retiradas dos vendedores. Perguntou se estava tudo bem com os ganhos, se havia vendedores com dificuldades financeiras. Esse gerente disse que não, mas alertou o gestor de vendas sobre uma conversa de membros da equipe daquele supervisor que não quitava suas dívidas na lanchonete: todos haviam reclamado que o supervisor tinha pedido dinheiro emprestado a eles.

A partir desse momento, ainda em sigilo, o gestor solicitou formalmente ao departamento de Recursos Humanos e ao jurídico um levantamento atualizado da situação financeira do supervisor no mercado e também uma ficha corrida policial. Para sua surpresa, constatou que aquela pessoa estava envolvida num recente e grave problema que envolvia furto de cheques e outros pequenos crimes. Portanto, a tendência seria tenebrosa doravante.

Ao descobrir aquilo e reunir documentos, chamou o supervisor e o demitiu, não sem antes condicionar a demissão ao pagamento das dívidas com a equipe de vendedores.

A demissão foi veloz, feita também de maneira bastante discreta, embora não secreta. Um ato não ético por parte de um membro da equipe mancha a imagem da corporação. Porém, isso é da vida, pode acontecer. O maior de todos os erros é não agir e não curar prontamente o mal. Vigilância, um dever do líder.

Dirigente, tenha muita parcimônia ao contratar e promover. Isso facilitará sua vida, diminuindo a obrigação das demissões por falta de atitude. E muita justiça ao demitir. Seja tão firme quanto necessário nos casos de afronta à ética e tão humano quanto puder nos casos de quem tentou, com honestidade, mas não conseguiu se adaptar às circunstâncias do desafio. Tenha sempre uma palavra de orientação e de encaminhamento nas demissões dos profissionais. São momentos delicados, de muita debilidade na vida dos que são bem-intencionados, embora não tenham conseguido. Saber admitir é fácil; saber demitir é muito mais difícil. Contrate melhor para demitir menos. Porém, ao demitir, demonstre sua grandeza pessoal e profissional. Trate os outros como gostaria de ser tratado.

Lembre-se: um grande líder humano não vê no próximo um meio, e sim um fim.

***

O terceiro caminho na construção de uma poderosa força de vendas humana exige encorajamento. Podemos obtê-lo por meio de valores, pelo preparo. Patton, um dos mais famosos heróis norte-americanos da Segunda Guerra Mundial, dizia que cada suor investido em treinamento economizava muito sangue derramado nos campos de batalha.

Encorajamento é o que distingue e separa guerreiros de soldados. Guerreiros lutam com significado, sentido, entregam-se por inteiro. Soldados obedecem ordens.

Precisamos de guerreiros para que nossa força de vendas humana tenha real poder. É como a história da sociedade que o galo propôs aos porcos, na granja. O galo disse assim aos suínos:

— Vamos fazer uma sociedade e criar um negócio com as melhores omeletes do mundo!

— Boa ideia – respondeu o porco-mor. — O que o galo propõe?

— Simples – tornou o astuto galo, apontando para a rede de generosas galinhas poedeiras. — Entramos com os ovos e vocês com o bacon.

Lógico que os porcos não toparam.

Essa é a questão em vendas... quem entra com os ovos e quem entra com o bacon? Guerreiros entram com a própria pele; soldados a protegem.

REALIZAÇÃO
o quarto caminho
4

> Quem vende faz, quem não vende
> explica – mas não justifica!
> **Os autores**

O que é um resultado? É consequência, é efeito. A venda não nasce quando o pedido é fechado, nem quando o caixa está descontado. A venda nasce antes. Realizar é administrar procedimentos, passos, que nos conduzem ao sucesso. Neste capítulo, vamos enfatizar alguns tópicos já apontados antes e acrescentar com muita ênfase outros novos.

Treinamento dos vendedores e rota diária

Como vimos no capítulo anterior, ao falarmos sobre o terceiro caminho – o encorajamento –, a base da realização volta a ser a persistência e a convicção total do dirigente sobre o treinamento constante, permanente e diário da sua força de vendas humana.

A primeira coisa que o dirigente precisa fazer na empresa é implantar uma cultura de treinamento para todos os vendedores. Falamos agora de uma cultura de treinamento de campo, na tática, no argumento, na infantaria, no terreno da venda – um treinamento que mostre como se faz. Não algo apenas teórico, mas um treinamento que envolva sair e ensinar a vender junto. **Treinamento tem de ser prioridade**.

É válida a ideia de trazer pessoas de fora para treinar a equipe. É uma boa iniciativa, que você deve realizar constantemente. Mas, de imediato, deve fazer com que os capitães de equipe ou gerentes de vendas comecem a treinar todos os dias o seu quadro de vendas.

O treinamento tem de ser diário. Não estamos falando de algo pesado, como uma hora por dia, e sim cinco ou dez minutos diários. Nesse tempo, o gerente deve repassar à equipe os pontos fortes do produto, os melhores argumentos, informações sobre os concorrentes etc., e o principal: uma correção da rota diária do vendedor.

Quando falamos em "rota diária", referimo-nos ao dia a dia do vendedor: aonde ele vai, com quem vai falar, que tipo de cliente vai visitar, que tipo de material publicitário está utilizando, e por aí vai.

Conhecemos inúmeras empresas e gerentes de vendas pelo Brasil, mas acreditamos que somente 10% deles dedicam seu tempo logo pela manhã, cerca de cinco ou dez minutos, para treinar os vendedores e corrigir as rotas diárias.

Seja qual for o seu negócio – balcão, vendas diretas, loja em shopping ou outros –, se, como gerente de vendas, não se dedicar a treinar e a corrigir a rota dos vendedores logo cedo, ou melhor, se não se dedicar a deixar a equipe tocar o dia normalmente, seus resultados não vão melhorar.

Algo também importante: o melhor vendedor tem de falar. Você, como gerente de vendas, tem de fazer o melhor vendedor treinar os outros. Todas as segundas-feiras, por exemplo, pode pedir que os destaques da semana comentem como chegaram ao sucesso. É um equívoco o gerente não dar espaço para os destaques da equipe falarem.

Pedimos várias vezes a um dos melhores vendedores que tivemos que falasse. Quando perguntávamos:

"O que o levou a vender muito na semana passada?", ele sempre respondia com suas estratégias. Não caia no erro de achar que os melhores vendedores não passam suas estratégias. Pode até ser verdade em um caso ou outro, mas você tem de motivá-los a falar para que outros conheçam também as estratégias dos melhores.

Quando era vendedor em uma das maiores empresas de vendas no país, poucas vezes um gerente de vendas pedia para que eu falasse sobre minhas técnicas. Sempre achei que poderia contribuir muito com a equipe de vendas, mas quase nunca era convidado a falar. Lembro-me de ter pensado: "Será que tem algum problema falarmos sobre nossas estratégias?". Se alguém houvesse me convidado, teria falado a respeito com o maior prazer.

Nas convenções de vendas da empresa (não sabemos com que frequência você as realiza: uma ou duas vezes por ano), incentive os melhores vendedores a dar uma palestra. Na maioria desses encontros/convenções, vemos sempre a premiação dos melhores, mas em uma ou duas ocasiões vimos a "palestra do melhor vendedor". Caso ele não consiga fazer uma palestra de uma hora – é simples! –, abra à plateia perguntas e respostas e você verá algo que nunca viu, pois os melhores querem falar sim, e têm muito a dizer. Tem de haver espaço para que os melhores possam contar as estratégias que os levaram ao sucesso em vendas.

Em nossa experiência em várias empresas, sempre exigimos que os gerentes de vendas fizessem treinamento diário e correção de rotas. Não deixe os vendedores terem um dia atrás de outro como se nada houvesse acontecido. Não durma e acorde do mesmo jeito, como outros fazem. Incentive, estimule, implante uma rotina diária de treinamento, corrija as rotas, não deixe a "mesmice" tomar conta da equipe de vendas.

Isso vale também para vendas internacionais. Houve uma negociação no Japão na qual foi fechado um contrato gigantesco. A despeito do planejamento, do preparo anterior, da pesquisa para apresentar em *PowerPoint* argumentos racionais fortes, a negociação se arrastava, lenta... passava dia e entrava dia. Já estava na segunda semana, e nada. De repente, a estratégia:

— Vamos decidir tudo nesta noite no karaokê? – brincou o executivo japonês.

Sim, claro. E foi lá que acabou sendo assinado o grandioso contrato. O presidente da empresa e os acionistas nunca perguntaram como foi a negociação. O que aprendemos com isso?

Vendedores medianos
Não realizamos as metas apenas com os vendedores de ponta, com as estrelas da equipe. Dependemos de todo o time. É a média que faz tudo acontecer. O dirigente precisa estar consciente de dois fatores fundamentais para o sucesso.

1. A qualidade do plano de vendas representa 70% do sucesso de uma campanha de vendas.
2. É impossível ter 100% de vendedores brilhantes; nem 50%, ou mesmo 20%. Mas você precisa ter um time médio forte e consistente.

Caindo na real, caro leitor, é preciso focar de imediato na necessidade de criar e de construir, e de implementar um plano de vendas. Em paralelo, que se abandone a ilusão de ter uma equipe de estrelas brilhantes em vendas. Impossível. Teremos, em cem vendedores, no máximo dez espetaculares. E já é ótimo.

Como são os vendedores espetaculares? Eles trabalham com uma fé interior (não nos referimos aqui à fé religiosa) que impede a presença de dúvida no pensamento; têm certeza de que realizarão a venda e trabalham com um alto nível de concentração, focados e imperturbáveis. Essas são características de algumas pessoas, um dom, uma vocação apaixonada, impossível de a encontrarmos de forma universal em todos os vendedores. Portanto, o objetivo do gestor de vendas é elevar o nível dos vendedores produtores medianos. E isso ele alcançará melhorando os novos entrantes, com seleção e recrutamento, e estabelecendo procedimentos, processos e sistemas que incentivem atitudes corretas de todo o quadro. Esse processo tende a melhorar o desempenho médio. É como aprender a andar de bicicleta: no início, começamos olhando para a roda, levando tombos; depois, aprendemos que parados caímos; mais tarde, tudo se torna automático, fica natural, aprendemos.

Ao líder, cabe ainda salientar a importância da temperança e da humildade. Ouça os veteranos, e faça-o com ouvidos seletivos, ouvidos que buscarão os bons conselhos dos mais vividos, separando deles reclamações costumeiras ou ângulos que não estejam voltados ao bem da companhia. Porém, esteja certo disso, os veteranos podem auxiliar bastante no sentido de ajudar o dirigente a não cometer velhos erros. Detalhes que são enganos básicos e podem destruir a possibilidade de sucesso desde o início. Por outro lado, a curiosidade e a nova crença do dirigente são muito importantes para que o costumeiro desânimo do tipo "Ah, isso não vai dar certo!" ou "Já ouvi isso antes..." não mate antes de nascer iniciativas promissoras de criar o novo e o diferente.

Elevar a média dos vendedores por meio de processos e atitudes que possibilitem o uso das aptidões mais competitivas, mesmo daqueles cuja vocação para a função de vendas não seja original, é o foco central do gestor.

Elevar a mediana das vendas, meta fundamental de um líder.

Mas como melhorar o time médio? Aqui, seguem algumas dicas de campo e extracampo.

Campo

O campo é o que ocorre no jogo das vendas, no dia a dia das ações comerciais. Melhoramos a média do time, identificando o estágio atual de cada vendedor ou vendedora, estabelecendo pequenos progressos diários, semanais ou mensais. Por exemplo, se está visitando pouco, estimular um plano de visitação e realizar um *coaching* sobre o plano de visitas, de roteiros. Se está visitando, mas não está convertendo, avaliar se está entrevistando pessoas que podem decidir. Só visitar não basta. Deve-se passar ao vendedor a necessidade de visitar e de aumentar as entrevistas decisórias. O gestor deve apresentar esses objetivos e acompanhá-los de maneira focada, fazendo crescer o desafio de procedimento em procedimento, como se estivéssemos numa escola, ou fôssemos responsáveis pela educação de um filho, seguindo passo a passo. O que muitas vezes desanima a turma do meio é perseguir desempenhos muito distantes dos que estão obtendo na realidade. Um olhar caso a caso e um plano de crescimento individual eleva a média das equipes.

Lembre-se do menino e da corrida de bicicletas.

Quanto mais tudo isso estiver esmiuçado, mais fácil e didático ficará o sistema de gestão.

Extracampo

E o extracampo? Simples: diga-me com quem andas e te direi quem és... ou para onde vais!

O time dos produtores médios em vendas pode ser atraído pela turma do "fundão" da classe (os produtores insatisfatórios), ou pela turma da frente (os grandes produtores em vendas). Observe com quem o pessoal do meio conversa mais; com quem costuma sair no final do expediente; quem são os melhores amigos.

Há uma tendência natural e humana de nos aproximarmos dos menos competitivos, até para que nos sintamos mais "iguais". Os campeões "assustam". A organização de grupos comprometidos e criativos é fundamental para o seu êxito. Desenvolva estudos e leituras na área de sociologia do trabalho. Proteja os que se destacam, pois muitas vezes ficam malvistos. Também faça-os compreender que precisam ser mais sociáveis e simpáticos com toda a equipe. Não se esqueça do meu exemplo de pior vendedor da empresa no primeiro emprego.

Fique de olho nos "destiladores de veneno". Eles podem ser bons vendedores, mas carregam dentro de si um mau hábito de dramatizar os ângulos difíceis das coisas ou de colocar medo nas pessoas. Se forem bons produtores, sempre com muito humor, instale na equipe de vendas a boa cultura de ver e ouvir o que está por trás das aparências. Muitas vezes esses *Hardys* (a hiena chorona) são só de mentirinha; apenas se acostumaram a levar vantagens com o desânimo dos demais. E vendas é uma arte humana. Se o vendedor estiver focado no trabalho, tende a vender mais. Se estiver passando por alguma crise pessoal, problemas na família, doença ou algo assim, tenderá a perder o foco. É importante conhecer a pessoa que está por trás do vendedor – sua história, os ciclos positivos e negativos ao longo da vida. Há uma tendência de que eles se repitam. E as circunstâncias e o ambiente podem contribuir para estimular os pontos fortes e fracos.

Nunca abandone seus guerreiros em situações difíceis. Vendedoras e vendedores são seres humanos, logo terão momentos de altos e baixos. Viverão angústias pessoais, situações familiares e íntimas mais difíceis. Proteja os guerreiros nos momentos de debilidade.

Vivemos uma experiência marcante em que um de nossos grandes guerreiros, um campeão de muitas campanhas de vendas, passava por um drama pessoal considerável. Quando um vendedor perde o foco, mesmo o mais bem-dotado, para de vender. Era isso que ocorria com aquele notável campeão. Não hesitamos, conversamos com ele, contratamos a ajuda de uma terapia, a empresa o apoiou e, passados cerca de noventa dias, lá estava de novo aquele grande vendedor com foco renovado no trabalho. Mas a empresa deve ser uma clínica de tratamento? Alguém poderia perguntar.

Não, a empresa não é um reformatório, mas preservar ativos humanos é missão de um dirigente sábio. Há duas razões para isso:
1. Grandes vendedores são raros.
2. O que você faz com um grande campeão revela os verdadeiros valores da empresa e da sua gestão.

Não bastassem esses dois aspectos, o LTV[4] de um vendedor deve ser computado a seu favor na hora de realizarmos um investimento em seu ciclo de vida. Isso é colocar a razão a serviço do coração.

Fidelizar vendedores é tão importante quanto fidelizar clientes. Um não pode existir sem o outro!

Ex: as *pet shops* se multiplicam e a competitividade é grande. Por que escolho esta *pet shop* e não outras dez próximas da minha casa? Exatamente pela fidelização dos funcionários da minha *pet shop* preferida. As mesmas pessoas estão lá. É incrível, os cães passam a adorar aquela equipe daquela *pet shop*. E chegam ao ponto de não quererem ir embora, depois de um fim de semana naquele hotelzinho canino.

---
4   LTV: *Lifetime value* – valor do tempo de vida.

Muito interessante observar o quanto do valor das equipes de quem vende, efetiva e fideliza as decisões dos clientes.

E no caso dos cães, sabem como ninguém onde querem ir, e esperam ver as mesmas pessoas ali sempre.

Fidelizar clientes começa com a fidelização de quem atende e vende para esses clientes. Os cães sentem e decidem.

E mesmo quando mudamos de bairro nos fazem voltar lá naquele mesmo que eles amam, ou melhor onde são amados.

Plano de vendas

O plano de vendas deve ser feito já no nascedouro da meta comercial do novo período.

Para chegar a uma meta pragmática, é necessário levantar as vendas passadas, cliente a cliente, vendedor a vendedor; a participação do mercado; a existência de lançamentos que vão ocupar novos espaços no mercado e descolar concorrentes.

O plano deve predefinir a penetração e a ampliação da base de clientes, e deve contar com questões e tópicos tais como:

- Quais são os alvos, quem irá fazer o plano de vendas e como fará?
- Quando as grandes negociações terão início, quando serão planejadas?
- Quais os procedimentos para fazer as grandes vendas?
- Quanto de contribuição de toda a empresa é necessário para a venda dos grandes volumes?
- O que cada vendedor deve fazer engajadamente no processo das vendas?
- Metas cliente a cliente, vendedor a vendedor, dia a dia, semana a semana, ou mês a mês? Por região, por produto, em volume físico ou moeda?

- Pré-análise de crédito.
- Sistema de cobrança para reabilitação de clientes inadimplentes.
- Estudo de segmentos industriais ascendentes, descendentes ou estagnados?
- Pontos fracos dos concorrentes e a maneira de atacá-los.

Em outras palavras, o plano de vendas é parecido com um plano militar. Toda a estratégia deve estar montada antes da entrada no campo de batalha. A tática deve ser pensada previamente e alterada de modo criativo, se necessário, conforme as mudanças no cotidiano das operações comerciais. Quanto melhor for o plano, maior a chance de êxito nas vendas.

Preparamos um *checklist* baseado nas nossas experiências práticas como líderes de vendas e no melhor das teorias acadêmicas a respeito.

E aqui vão 26 itens para o preparo de um ótimo plano de vendas vencedor. O sucesso nasce no plano.

1. Quantificação e qualificação do total do mercado existente. O *pipeline*: qual a demanda e o potencial existente.
2. Cenários possíveis que afetarão a demanda no ano do exercício.
3. A realidade dos clientes existentes na sua empresa. Histórico, previsibilidade (quanto pode vender), curva ABC. Quantos clientes representam 80% das vendas.
4. A realidade dos clientes existentes nos seus principais concorrentes (escolha 3). Qual o histórico deles com os concorrentes, a previsibilidade (quanto deverão comprar), a curva ABC (quantos clientes fazem 80% das vendas dos concorrentes), quais os pontos fortes e fracos dos concorrentes (idealmente pelo ponto de vista dos clientes deles).

5. Quais são os clientes comuns? Compram de você e dos concorrentes? Qual a sua participação nesses clientes comuns (*share*)? Qual a tendência se não fizer nada? Qual a tendência se você criar uma estratégia?
6. Quais são os clientes novos que serão alvo da sua prospecção?
7. Como será segmentação e a prospecção? *E-mail*, vendas, televendas, novas forças de campo dedicadas, novas geografias, eventos, qual o banco de dados priorizado para a prospecção?
8. Quais serão os pontos críticos da nova campanha de vendas? O que danifica as vendas se não ocorrer? O que será sagrado para o sucesso?
9. Qual o poder de fogo da sua força de vendas humana comparada aos competidores? Quantifique e qualifique o número de vendedores que você tem, a qualidade, e compare com o número de adversários que precisará enfrentar. Vendas é o resultado de um processo. Capacidade de efetivar ofertas no mercado é fator decisivo.
10. Realize a avaliação de desempenho da sua força de vendas com o histórico vendedor a vendedor e canal a canal. Observe o que está positivo e o que vem sendo negativo. Interfira, lidere, motive, mude. Não permita zona de conforto jamais.
11. Refaça a segmentação da sua força de vendas humana. Verifique adequações de clientes e de segmentos de mercado ao perfil dos vendedores. Ajuste vendas de ciclos longos com vendedores mais voltados a planejamento. Coloque em vendas de ciclo curto vendedores mais fechadores. Clientes antigos e fiéis, que não irão crescer, para manutenção, ótimo *target* para os nossos vendedores mais anciãos. Abrir portas, porteiras, desbravar, coisa para os YBP, Young Bright People.

Os jovens brilhantes que querem crescer na vida. A partir da segmentação de vendas, faça o orçamento de vendas. Veja o que conseguiu com às vezes menos recursos de despesas até.
12. Qual o *turnover* real e o esperado para o ano em exercício. Se 10% é a estimativa de saídas, tenha sempre preparado esse número de recursos humanos para assumir.
13. Qual a necessidade de recursos humanos novos? Gente faz a diferença. Seja um eterno recrutador.
14. Quais os investimentos em TI, CRM, sistemas, como antecipar e preparar os vendedores para que isso não seja um problema quando a nova operação comercial iniciar?
15. Estimativas de vendas definidas, com plano de mensuração, métricas e *feedback*.
16. Programa de remuneração e incentivo criado.
17. Projeto de clima e ambiente na empresa, filiais, escritórios e mesmo *home office*.
18. Não basta ter uma estimativa de vendas, precisa vender a meta para a equipe de vendas. A grande meta é aquela que os vendedores compram. Treinar para o CRM de vendas, sempre como meio e não como fim burocrático. Qual o plano que você tem para vender a meta para os vendedores?
19. Hora de negociar as metas com gerentes, supervisores, vendedores. A melhor meta será aquela que surgir de uma negociação entre quem irá realizar, com quem irá dirigir e que atenda os acionistas. Há uma arte nisso.
20. Plano de comunicação e de suporte em apoio às vendas.
21. Quem atua com pontos de venda, as ações de *visual merchandising* e de promoção de ponto de venda são muito importantes para o *sell out*, exige planificação detalhada.

22. Plano de treinamento, *coaching*, eventos, motivação e convenção de vendas.
23. Não basta vender para a equipe de vendas, para o cliente, precisa vender para dentro. Negociar as metas com os demais pares de outras áreas da empresa, como o financeiro com crédito e cobrança, produção, logística etc.
24. Vendendo para grandes clientes, os *key accounts* significam uma missão da alta direção da empresa. A empresa inteira responde pela venda e atendimento das grandes contas. Os vendedores dão seguimento.
25. A produtividade, vendendo para pequenos clientes, um plano de banco de dados e roteiro, com velocidade e recursos humanos preparados e remunerados para esse fim.
26. Análise crítica da campanha do ano anterior com plano de êxitos, fracassos e correções aprendidas. E aqui começa tudo. A análise crítica do ano anterior.

A implementação do plano de vendas, à medida que o gestor tenha ferramentas de acompanhamento e de controle, a liderança ficará facilitada. Meritocracia justa fala mais alto. É importante que o dirigente aprenda a reconhecer os diferentes estágios e ciclos de vida das pessoas e dos profissionais. Temos ciclos e vontades diferentes ao longo da vida, algo que não tem nada a ver com idade. É uma questão de energia, vigor e força interior. Não acredite, dirigente, que tirando os velhos e colocando "novos" vá ganhar em desempenho. Não ache também que somente a experiência e a idade dos antigos o levarão ao sucesso. Porém, tenha certeza da prudência da mescla. Integrar novos com veteranos e promover o melhor dessa força híbrida é agir com sabedoria.

Como se ganha e como se perde dinheiro na empresa

Em relação ao quarto caminho – realização –, uma crucial pergunta cabe ser respondida pelo dirigente de vendas: você sabe quais são os nove pontos que fazem a empresa perder ou ganhar muito dinheiro? E como ligamos nossa atividade de vendas a ela?

Venda sustentável

A venda precisa ser sustentável. Se o que vendemos hoje não criar lucro e não servir de porta aberta para a venda amanhã, podemos estar vivendo uma ilusão, achando que temos uma poderosa força de vendas humana, mas que vai negar fogo na primeira turbulência mercadológica. Uma força de vendas humana poderosa tem de ser sustentável, isto é, vender hoje e no futuro.

Ter consciência desse conceito é fundamental. Encontramos gerentes que, mesmo depois de muitos anos de empresa, não conseguem saber como se perde e como se ganha dinheiro na companhia. Em vendas, somos geradores de volumes financeiros e lucros. É necessário que tenhamos compreensão do impacto das vendas no balanço da empresa. Em todo negócio, podemos computar cerca de cinco ou seis pontos nas despesas com importância decisiva na construção do custo e outros cinco ou seis aspectos que decidem o grosso das receitas e dos lucros. Quanto melhor o gerente de vendas souber disso, mais poderá contribuir para o negócio, aproveitando eventuais sazonalidades de suprimento, garantindo *feedback* para provisões adequadas nas importações e assim por diante. Da mesma forma, quanto mais profundo for o conhecimento do gerente de vendas sobre os clientes mais lucrativos, sobre os *prospects*, sobre o *mix* de produtos de maior rentabilidade, maior será seu potencial de obter êxito na carreira. Acompanhar o fluxo de caixa e suas necessidades revela um gerente de vendas preocupado com o negócio como um todo, não apenas com as vendas.

Esse lado do papel do gerente de vendas exige uma busca de conhecimentos teóricos nas áreas de *balanced score card*[5], de conceitos da lei de Pareto e, modernamente, das possibilidades ampliadas de busca de resultados pela exploração do *long tail* (as linhas de produto que tradicionalmente ficam sempre em torno dos 20% de contribuição para o total das vendas).

Custos

No aspecto dos custos, cabe ao gerente de vendas analisar segmentações da força de vendas e a introdução de novas tecnologias, como televendas, *Internet sales*, *marketing* direto, contas-chave, distribuidores etc. Um *mix* inteligente na segmentação da força de vendas e dos canais permite uma conta criativa, com a qual podemos obter mais e melhores vendas com custos menores da força de vendas.

O dirigente não deve nunca cair na tentação do caminho mais fácil em termos de custos. O caminho mais fácil costuma ser o de diminuir a força de vendas ou o de baixar os ganhos dos vendedores. Faça sempre um cálculo de quantos vendedores você precisa colocar no mercado ao somar todos os concorrentes. A extensão da força de vendas é importante. Bem como sua qualidade e criatividade de estruturação. Mas o tamanho é um fator significativo. Se seus concorrentes, somados, perfazem, por exemplo, quinhentos vendedores no campo, e você tem cinquenta vendedores, faz sentido dominar de 10% a 20% do mercado. Mas essa conta começaria a entrar em risco se você tivesse

---

5   *Balanced score card*: sistema integrado de gestão e implementação da Estratégia da Empresa. (N.A.)

50% do mercado com apenas cinquenta vendedores, ou seja, 10% do poder de impacto comercial.

Ainda no campo do custo, o conhecimento da matemática financeira faz muita diferença para um dirigente. Você precisa saber que 10% de desconto no preço não vai impactar apenas 10% do lucro. Pode significar cortar pela metade o lucro do produto. E, se essa margem for de apenas 5%, por exemplo, começamos a caminhar para o *break-even*[6], ou mesmo para o prejuízo. Aprenda matemática financeira, o uso da HP, e faça também com que os vendedores conheçam esses fundamentos.

Remuneração da força de vendas

A remuneração da força de vendas deve sempre prever um lado fixo e outro variável. Considere que bons vendedores são empreendedores; têm personalidade aberta ao risco e devem receber por seu ímpeto e por sua energia realizados. As fórmulas de remuneração das equipes devem permitir bons ganhos competitivos aos vendedores. Também não podem criar tamanha facilidade que permita a criação de possíveis áreas de conforto. Os vendedores não reagem da mesma forma à remuneração. Uma parte deles não vai se esforçar mais, mesmo podendo ganhar mais, pois um "freio mental" bloqueia a vontade produtora a partir do alcance de determinado ganho arquivado no cérebro. Logo, a fórmula da remuneração deve estar em consonância com os objetivos estratégicos da campanha comercial. Ou seja, se existe obrigação de abrir clientes novos, tenha algo na fórmula que incentive isso. Se diminuir o prazo de pagamentos das vendas é um fator forte, inclua essa determinante da fórmula, e assim por diante. Lembre-se: administrar o custo da força de vendas não significa reduzir

---

6   *Break-even*: cálculo do ponto em que os ganhos se igualam às vendas. (N. A.)

equipe nem diminuir ganhos. É um exercício criativo de segmentar e lidar com fixos e variáveis, e de estimular com símbolos e premiações de reconhecimento, incentivando a autoestima.

Seja rápido em demitir os que não têm potencial

No terceiro caminho, falamos do encorajamento. Uma poderosa força de vendas humana precisa ter orgulho de sua capacidade. O equilíbrio entre a autoestima para o enfrentamento *versus* desânimo é tênue: administrar os maiores vendedores, apoiar o time intermediário e demitir os que não se desenvolvem, e que não tenham nem ao menos a vontade de realizar, é um dos aspectos considerados por alguns dirigentes como desagradável, embora seja absolutamente vital. A maneira como admitimos, promovemos, demovemos e demitimos faz evoluir ou não uma força de vendas humana. Portanto, voltamos a enfatizar, agora no âmbito da realização, que, para a construção de uma poderosa força de vendas humana, é necessário olhar a demissão como oportunidade para outras pessoas, muito mais do que como uma insensibilidade com quem não produz.

Defina com rapidez, em relação à equipe de vendas, as três faixas que a compõem:

1. Faixa 1: os campeões, aqueles que praticamente andam sozinhos, porém a quem você sempre tem de monitorar e cujo progresso tem de acompanhar.
2. Faixa 2: a turma do meio – entre eles há pessoas com potencial, embora, devido a algumas razões, não venham demonstrando resultados satisfatórios.
3. Faixa 3: com certeza é o pessoal que não tem potencial. São os que você deve demitir sem demora.

Faixa 3

Em relação ao pessoal da Faixa 3, a maioria dos gerentes é bem tolerante. Em geral, os gerentes os mantêm na equipe de vendas. Sei que não é fácil demitir pessoas, mas às vezes é um favor que se está fazendo a eles próprios. Pessoas assim nos consomem energia, não trazem produção e estão ali por acaso. A pergunta que você tem de fazer a si mesmo é: esse vendedor tem potencial?

Uma coisa é a pessoa ter potencial, ser treinada e chegar lá; outra é você insistir com quem não tem, de fato, potencial. É impressionante o número de pessoas sem potencial que estão nas equipes de vendas neste mundo afora, e que a maioria dos gerentes não consegue demitir. Você, como gerente de vendas, tem de entender que a palavra "demitir" deve fazer parte de seu cotidiano, pois faz parte do negócio. Você tem de ser extremamente profissional e, ao mesmo tempo, pensar nos resultados.

Não tenha medo de demitir os que realmente não têm nada a ver com o negócio. Analise caso a caso, e tome a decisão. Não fraqueje nesse momento. Seja justo com a empresa, com você e com o próprio vendedor. Demitir é difícil, com certeza, mas ficar com pessoas na equipe que não apresentam potencial é mais difícil ainda.

Assim que assumir a equipe de vendas, faça a divisão em faixas e tome uma atitude logo. Lembre-se: quem comanda é você, e você é pago para trazer resultados.

Demita quem não tem potencial, e rápido!

Faixa 2

Na Faixa 2, encontram-se o que chamamos de vendedores do meio, aqueles que você terá de treinar, acompanhar, de quem deverá exigir todos os relatórios etc. Analise o desempenho desses vendedores nos últimos três a seis meses e veja se de fato se encaixam na Faixa 2. Consideramos essa faixa a mais importante, uma vez que ela é quem fará a diferença no resultado. A Faixa 2 tem de ser administrada de perto, se possível diariamente.

Chegará uma hora em que pessoas dessa faixa estarão aptas a passar para a de número 1, a dos campeões.

Faixa 1

Em geral, são vendedores que não necessitam de um acompanhamento mais próximo, mas você deve ficar atento a eles. São os "puxadores", e têm algumas estratégias e talento que outros não têm, daí a necessidade de administrá-lo de maneira especial.

Não permita que a estrela dos vendedores da Faixa 1 brilhe mais do que a sua. Administre todos de modo que "estrelismos" não tenham espaço em sua equipe. O pessoal da Faixa 1 é quem levará o barco, mas não caia na tentação de ser comandado por eles, nem os deixe pensar que são os responsáveis pelos resultados.

Lidar com as estrelas da equipe não é fácil, mas lembre-se de que o comandante é você. Existem estrelas que colaboram com a equipe, e outras que não. Para as que não estão dispostas a colaborar, você tem de deixar clara a sua posição. Esteja preparado para lidar com as pessoas de sua equipe.

Convoque os campeões para ajudar na motivação e inspiração dos demais.

O Raí, excepcional jogador de futebol e pessoa de grande caráter, nos disse que um técnico, ainda no início de sua atuação no Botafogo de Ribeirão Preto, foi fundamental na sua vida. Esse técnico o convocou para motivar os demais jogadores, inspirar que gostassem deles, pois, se assim fizesse, todos melhorariam. E o Raí disse que essa lição foi fundamental. Um excepcional como o Raí, para que o time venha a ser um time de campeões, precisa que todo o time acredite, e melhore. A mediana precisa melhorar. E isso também é uma missão dos jogadores, e, no caso, vendedores diferenciados.

Sozinho nenhum campeão ganha o campeonato.

Acompanhamento a campo dos vendedores

Outro aspecto do quarto caminho para se criar uma poderosa força de vendas humana é um dos mais simples e tradicionais princípios do dirigente de vendas: conheça a realidade, saia com os vendedores, visite clientes. Assuma forte responsabilidade ao lado da equipe com relação àqueles 20% dos clientes que proporcionam a grande base das suas vendas, em geral 80% do faturamento.

Não saia para substituir o vendedor, para tirar o poder dele; ao contrário. Não ensine ao cliente que para fazer bons negócios com a empresa precisa sempre falar com você. Isso prejudica as vendas, a equipe e você mesmo. Saia a campo para dar *empowerment* – delegação de autoridade – à equipe, para transferir poder, prestígio, valorização, e para que seus guerreiros saibam que vocês formam um conjunto que se respeita, que ninguém será abandonado no meio do caminho em função de acidentes naturais no percurso das vendas.

A maioria dos gerentes de vendas tem certo receio de acompanhar os vendedores. Talvez tenha medo de se expor. Mas acompanhar vendedores tem de ser uma rotina de trabalho. Estabeleça quais dias você quer sair com os vendedores. A partir do momento que estabelecer os dias, a equipe começará a ter confiança em você. Na verdade, vez ou outra você tem de estar na linha de frente da equipe – na tempestade ou no sol, sua "cara" tem de estar à frente em algumas situações. Não se esconda atrás da mesa. Existe, não raro, certo desconforto por parte do gerente em sair a campo, por exemplo, com um campeão de vendas para visitar clientes. Tem-se uma falsa ideia de que o campeão de vendas às vezes é melhor que o gerente. Isso acontece, sim, mas não se deixe levar por esse temor. Você tem de acompanhar e não ter medo de errar. Estar na rua com a equipe é uma das mais seguras maneiras de se ganhar o respeito e a confiança de toda a empresa.

Conquistamos o respeito das nossas forças humanas de vendas quando mostramos a coragem e também quando vibramos com o ato da venda. Lembro-me de uma das vendas mais espetaculares que realizei, o desafio era trazer uma nova linhagem genética para toda a indústria de frango do Brasil, estava na Agroceres Ross. As equipes de vendas técnicas não conseguiam êxito. Decidi visitar as seis mega *key accounts* do setor, grandes integrações e cooperativas. Chegamos à Perdigão, que ao lado, na época, da Sadia, liderava o mercado. Junto com o gerente da região, fomos entrevistar o presidente da empresa. Depois da diplomacia de praxe, fiz uma pergunta:

— Qual é o maior risco que sua empresa tem hoje no setor avícola?

E a resposta nos deu o fechamento da venda.

— Eu temo – disse ele – não termos no Brasil o desenvolvimento de uma linha genética tropicalizada.

Eu disse:

— Se a Agroceres fizer isso, estamos juntos?

— Sem dúvida! – respondeu.

E de fato, transformou-se no primeiro cliente da empresa abrindo as portas do mercado para a Agroceres, que em dez anos liderou o setor.

Sair com os clientes e, principalmente, preparar grandes perguntas. As perguntas vendem.

Conhecemos inúmeros gerentes de vendas que de

fato não saíam detrás da mesa. Escondiam-se o tempo todo e não iam para a rua com os vendedores. Não faça isso. Sabemos que, às vezes, queremos ficar no escritório. Mas saia a campo, exponha-se. Você só terá a ganhar. O que a maioria dos gerentes faz é se esconder atrás de problemas burocráticos, justificando que não pode sair por isso ou aquilo.

Conforme falamos em outro capítulo, crie uma rotina para esses problemas. Invista mais tempo em trazer vendas. Acompanhar vendedores é competência do gerente; mas acompanhar, ter dias específicos, cumprir com essa disciplina, é para poucos.

Há um outro aspecto a considerar: os clientes gostam da visita do gerente de vendas. Sentem-se importantes. Todos querem conversar com gerentes e diretores. É uma necessidade humana. Os clientes querem conhecer, conversar e discutir com os gerentes.

O binômio vendedor/gerente tem de caminhar junto. Às vezes, em uma negociação, o faro do gerente é importante. O vendedor por si só tem muita confiança nas chamadas pendências de vendas. A presença do gerente no cliente detectará se o negócio é bom ou não. Todos os vendedores têm muitas pendências de vendas no dia a dia. Quando o gerente pergunta: "Estas pendências são boas?", normalmente o vendedor responde: "Claro que são. Tenho certeza de que faremos um grande resultado com estas minhas pendências". Porém, não é raro o vendedor se iludir com alguns negócios que "podem" acontecer. Ele acaba transmitindo ao gerente a convicção de que o negócio vai sair, mas ele não sai. Cabe, então, ao gerente, com sua experiência, checar se são mesmo boas as "pendências" e, para isso, é preciso estar presente em campo com o vendedor.

Não há nada mais desmotivador para o gerente do que achar que o resultado virá e, no final, o negócio não se concretizar. O gerente se sente iludido, de uma forma ou outra, pelo vendedor. Mas o vendedor estar motivado com as pendências é algo normal; o que não é normal é o gerente se deixar iludir.

Ao dirigente vale sempre lembrar que humildade, humanismo e humor, os três Hs, nunca farão mal.

Os três Hs em vendas

Uma mulher vai a uma loja de animais porque quer comprar um canário. Vê uma gaiola com o respectivo preço: cinco mil reais. Fica espantada e pergunta ao vendedor:

— Por que esse canário é tão caro assim?

E o vendedor responde:

— Minha senhora, esse canário canta músicas sertanejas, é um autêntico Chitãozinho e Xororó cantador.

A mulher fica boquiaberta. Ao lado dessa gaiola, há uma outra com um preço ainda maior: dez mil reais. A senhora, espantada, pergunta:

— E aquele lá, tão caro?

— Ah – retruca o vendedor –, aquele canta sertanejo, *country* e *blues*. É mais evoluído ainda.

A mulher, já sem poder se conter de tanto espanto, vê mais acima outra gaiola com o preço: 15 mil reais.

— Não acredito. E o canário de 15 mil, o que faz?

— Minha senhora – declara o vendedor –, esse é um verdadeiro MP3 na forma de canário: canta árias, óperas, *rock* e MPB. Canta tudo.

A mulher se encanta com os canários, mas vê no fundo da loja outra gaiola, com um canário quieto, sisudo, com cara de poucos amigos. Seu preço: 30 mil. Dessa vez, a senhora, já passando da surpresa à irritação, questiona:

— Não é possível. O que faz um canário valer 30 mil reais?

O vendedor, um tanto sem jeito, explica:
— Olha, o que ele faz eu não sei bem, mas dizem que, se não mandar, os outros não cantam. Ele é o gerente!

***

O quarto caminho para criar uma poderosa força de vendas humana é cuidar dos fatores cruciais que implicam a capacidade de realizar. Vivemos em vendas para transformar a expectativa de uma estimativa de vendas em realidade, com lucro, boa imagem e sem estragar as vendas futuras. Os tópicos abordados neste capítulo são bastante operacionais e pragmáticos: treinamento em campo, rotina, rotas diárias; o plano de vendas e a atenção aos vendedores medianos; saber como se ganha e como se perde dinheiro na empresa e como a atividade de vendas está conectada a isso; ser rápido para demitir os vendedores sem potencial ou sem vontade para descobri-lo; e acompanhamento de campo – "Ao mercado, pessoal", como bradava um notável dirigente de vendas todas as manhãs, para mais de mil vendedores no salão de vendas!

INCLUSÃO
o quinto caminho
5

> "Laranja madura, na beira da estrada,
> tá bichada Zé ou tem marimbondo no pé."
> **Ataulfo Alves**

Incluir os vendedores no espírito daquilo que precisa ser feito envolve disciplina, liderança, regras e negociações internas.

Fazer a inclusão dos vendedores significa adentrar sua intimidade, o que representa mexer em seu bolso. Vamos começar a falar sobre o quinto caminho com o fundamento mais básico de todos: pagar a comissão olho no olho, sobre o qual discorreremos a seguir.

Pague a comissão olho no olho

Você pode até não ter um sistema de avaliação dos vendedores, mas, se colocar em prática a "comissão olho no olho", com certeza todos os meses terá o quadro de vendas avaliado.

Claro que quem tem de pagar a comissão é o departamento financeiro, porém o que estamos dizendo é que a folha na qual o vendedor assina o que recebeu de comissão tem de ser entregue a você, para você coletar a assinatura do vendedor.

Esse ato de entregar a folha para o vendedor assinar o que recebeu não pode ser feito pelo famoso departamento financeiro. Trata-se de um "momento único" entre você e o vendedor. Não o delegue a mais ninguém, pois nessa hora poderá haver uma conversa diferenciada entre vocês dois. É nesse momento que ocorre a avaliação que, em geral, não faremos. É uma ocasião em que você tem de fazer perguntas do tipo: "Por que não foi bem neste mês?", "Por que não atingiu a meta neste mês?", "Tem alguma coisa que posso fazer por você?".

Citamos exemplos focando os casos em que o vendedor não vai bem. Mas há também o outro lado, quando o vendedor está sendo bem-sucedido. Em casos assim, você pode perguntar: "Por que este mês você vendeu tanto?", "Quais técnicas tem usado que estão dando resultados tão bons?".

Faça desse momento único entre você e o vendedor um bate-papo, afinal, vai ocorrer apenas uma vez por mês, além de ser uma maneira de ter o vendedor "nas mãos". No bate-papo, descobrirá verdadeiras "pérolas". O vendedor vai lhe dizer coisas que você jamais imaginaria, por exemplo: "Foi bom você falar comigo. Estava mesmo querendo ir embora...", ou: "Não estou me adaptando bem a este produto; gostaria de trocar de região", ou, ainda, "Quero dizer que estou com sérios problemas aqui", e assim vai...

Na verdade, a ocasião que costumamos chamar de "olho no olho" é aquela em que você está a sós com o vendedor e ele tem toda a oportunidade de lhe dizer coisas que não diria no dia a dia.

Se continuar no ritmo normal, ou seja, deixando tudo como está, sabe quando você terá um momento único com o vendedor? Raramente!

Para que se discipline a viver momentos "olho no olho", uma boa técnica é aliar a ocasião à hora mais sagrada para um vendedor: quando ele recebe o bônus ou a comissão. Nem que você não faça a avaliação dos vendedores, se implantar esse sistema, todos os meses terá uma avaliação de todo o quadro de vendas.

Trabalhamos em empresas nacionais e multinacionais, mas quase nunca vimos um sistema de avaliação como esse ser implantado. Em geral, o gerente de vendas nunca tem um momento "olho no olho" com cada vendedor. O dia a dia é corrido; se dependermos de parar o que fazemos para conversar com cada um, uma ocasião de maior intimidade será quase impossível; por isso, se não houver uma disciplina, esqueça! Jamais conseguirá falar com cada um de sua equipe.

Não faça como a maioria dos gerentes de vendas faz. Volta e meia, implanta algum tipo de avaliação. Fale ainda hoje com o pessoal do departamento financeiro e lhes diga que, daqui para a frente, você é quem coletará a assinatura dos vendedores nos demonstrativos do bônus. Eles ainda serão responsáveis pelo pagamento em si, mas a coleta de assinatura será com você. Não se consegue ser um grande gerente de vendas se não tiver a equipe nas mãos. A espiritualidade deve ser trabalhada por meio das virtudes humanas, com diálogo íntegro e honesto.

Apaixone-se pelo lado forte da equipe de vendas

A inclusão é o compromisso com o pertencimento. Você faz parte. O dirigente deixa claro que se preocupa com cada membro da equipe, desde usar o pagamento da comissão para compreender o momento do time até salientar o que é admirável em sua força de vendas. É incrível, mas existem empresas que criam máquinas mortíferas de vendas... contra si mesmas! Os dirigentes não suportam os vendedores, e vice-versa.

Para construir e dirigir uma força de vendas humana sustentável e de sucesso no mercado, não encare a equipe como um adversário que compete com você. Não olhe inicialmente para os defeitos dos vendedores.

Somos humanos e todos temos fraquezas. Registre e calibre com firmeza na mente as forças existentes nos vendedores que estará gerenciando.

Faça uma reflexão cuidadosa, se já vinha do quadro comercial e foi promovido, talvez tivesse, como vendedor, os colegas de que gostava mais e aqueles com quem não conversava. Talvez existissem mesmo alguns da equipe com cuja "cara" você "não ia".

Zere tudo isso! Você está vivendo agora um novo papel profissional; não é mais vendedor. Você é o gerente de vendas. E sua missão é obter resultados com a equipe.

A regra de ouro número um é: apaixone-se pelo lado forte da equipe de vendas. Guarde os defeitos para uma ação permanente e educativa ao longo do tempo de sua gestão. Estabeleça uma meta em tempo para os ângulos não desejados da equipe. Por exemplo: a força de vendas não gosta de prospectar e vive dos clientes existentes. Isso é revelador de uma tendência para a "zona de conforto". Certo. Como vamos alterar essa tendência? Interferindo no processo por inteiro, em todos os tópicos explicados nos capítulos anteriores. Nesse aspecto, do ponto de vista teórico, você precisa desenvolver força de vontade para o estudo da liderança moderna. No início, deverá ser o exemplo em si. Não o exemplo de vender pelo vendedor, mas o de comportamento de um líder. Você não tem o direito de não gostar de uma vendedora ou de um vendedor apenas porque "não bate com você". Jamais poderá privilegiar algum vendedor que é muito amigo seu em detrimento de outro. A literatura sobre ética, liderança e justiça na gestão é de imensa contribuição para o desafio que vai enfrentar.

Fofocas e ética

Como gerentes de vendas, somos vistos, observados, admirados e odiados o tempo todo. Não que sejamos vistos apenas fisicamente. Somos idealizados. Tornamo-nos alvo de conversa nas rodinhas, nos bares, em bate-papos pós-expediente. Para as pessoas, transformamo-nos num autêntico portal de "facilidades" ou de "obstáculos". Você vai notar o poder sedutor de alguns da equipe de cooptar sua preferência. Vai notar como outros virão lhe contar, como quem não quer nada, fofocas, ou revelar o que alguém está falando, ou fazendo... A pessoa dirá que, como gosta muito de você, está lhe revelando um segredo.

Fuja disso! Elimine a tentação de ouvir fofocas deste ou daquele. Deixe claro que gosta que os vendedores falem sobre algo que os incomode, mas, assim como não quer ouvir delações desse profissional com relação a outro colega, também não ouvirá outros colegas que queiram falar dele. Explicite qual é o valor vital da liderança doravante: resultados e ética; vendas que cumpram estimativas de que sejam bem-feitas.

Em vendas, os resultados falam pelas pessoas. Além dos resultados, a ética e como os resultados são obtidos. Enxergue o lado forte dos vendedores e internalize-o dentro de você para que seja verdadeiro, e não apenas uma falsa representação.

Ao assumir o posto
De preferência, ao assumir o posto, prepare uma apresentação. É o momento adequado para dizer: admiro vocês.

***

Eis um caso interessante de um gestor que se apresentou à equipe.

"O que vocês fazem todos os dias é admirável e motivo de respeito em toda a organização. Um dos meus papéis aqui dentro é o de demonstrar o tempo todo, para toda a empresa, a força da equipe de vendas, e salientar que o que vocês fazem ninguém mais poderá fazer; deixar claro o ponto decisivo que cada um apresenta para os negócios da empresa. Eu os respeito. E a razão é muito simples: se desejamos ser respeitados pelos clientes, bem avaliados no mercado, conhecidos por respeitar e criar vendas fortes e éticas, o primeiro passo é o reconhecimento interno desses fatores. E, em primeiro lugar, o meu reconhecimento como gestor de vocês.

Vocês fazem coisas que eu não faço; fazem coisas que jamais farei. Fazem coisas que não sei fazer melhor que vocês. Não estou aqui para fazer no lugar de vocês, e sim para apoiá-los a fim de que cada um faça mais, cresça e sinta o poder da própria capacidade. E esta é a hora de vocês revelarem a força que têm. Por outro lado, farei coisas que vocês não podem fazer. Farei coisas que não sabem fazer; coisas diferentes.

Sou o gestor de vendas. Meu sucesso como dirigente depende de vocês. Sem vocês, não realizo, e não realizamos. Ninguém vende sozinho e vocês, sem o todo, sem a gestão, sem a organização e o planejamento geral, também não conseguirão vender. Um vendedor sozinho não faz verão. Faremos tudo sempre juntos.

***

A apresentação também pode ser um bom momento para pontuar a necessidade de progresso do quadro de vendas como um todo: melhorar a média de vendas; ampliar o tíquete médio por pedido; crescer na produtividade da expansão e penetração etc. Mas não mais do que quatro ou cinco pontos importantes e relevantes.

No dia, foco nas forças; à noite, conserto dos pontos fracos

Apaixonar-se pelo lado forte dos seus vendedores vai lhes transmitir segurança, confiança, esperança e senso de justiça. Mostrar novos ângulos significa colocar uma dose de realidade no que separa o seu papel daquele da equipe de vendas. Amplifique a força das pessoas, coloque holofotes no lado forte e positivo. Trabalhe silenciosamente nos consertos estruturais e individuais.

Imagine uma companhia aérea. Você está no avião e vai voar. Essa é a hora de voar, de fazer tudo o que precisa ser feito para voar. A manutenção dos aviões, os consertos, as reformas e as trocas de aeronave não são feitas durante o voo. Devem ser realizadas no hangar de manutenção ou durante a noite, quando os aviões não estão prontos ainda e têm como objetivo decolar e cumprir sua missão.

Durante o dia, foco nas forças. À noite, conserte os pontos fracos.

Um grave erro dos dirigentes é diminuir a força da equipe para passar a sensação de que, agora, com eles, tudo vai ser diferente. Isso é observável não apenas em pessoas jovens, mas em executivos seniores que são chamados de outras áreas para assumir o departamento de vendas. Desconhecem a alma humana e acreditam que mudanças e disciplina, segundo sua ótica, serão obtidas por meio da arrogância, do autoritarismo e de um ambiente de medo. Em vendas, isso não funciona. Uma força comercial saudável é um grupo de bons rebeldes, comandados e disciplinados para o "bem", porém, sem esquecer o inevitável: não são "normais", no sentido "politicamente correto" da palavra. Ou aprofundando para não haver aqui nenhuma interpretação equivocada dessa percepção: essa diferença que separa vendedores de outros profissionais é a necessária predisposição ao risco, à incerteza, às agruras da rejeição todos os dias, ao talento de ouvir não, não, não e mais não, e continuar com a esperança e a certeza do "sim" que se avizinha.

O vendedor deve ter elegância no trato até mesmo de clientes agressivos, deselegantes, que sempre existem nos mais distintos mercados, além de possuir uma temperança interior para viver pressionado por uma estimativa de vendas, costumeiramente mais alta de um ano para o outro, e para conseguir dominar o tempo como se ele não estivesse passando. O vendedor possui uma alma capaz de atuar com fé inabalável, o que significa ausência da dúvida sobre a possibilidade de não atingir seus números, mesmo nos ciclos de alta e de baixa da economia. O vendedor adquire um espírito olímpico, de superações perenes, mesmo atuando nas piores condições de terreno e de jogo... por isso é diferente, especial e único. E deve fazer tudo dentro da ética – essa é a grande lei.

Concluindo: reconheça a força dos vendedores; traga-a sempre à mente e também à mente da empresa. Conheça os pontos fracos da equipe e atue sobre os processos para que as mudanças sejam realistas e factíveis.

Inclusão significa identificarmos a pessoa certa para o lugar certo. O ambiente, o estilo e o tipo de trabalho permitem que determinadas pessoas sejam mais ou menos bem-sucedidas na função. Já abordamos tais pontos antes. Porém, agora, queremos que você, caro leitor, veja os aspectos da segmentação dos vendedores na perspectiva do conjunto, sob o ângulo de como podemos realizar a inclusão ideal dos profissionais na construção de uma força de vendas humana que tenha diversidade e flexibilidade para as mais distintas situações de mercado e competição.

Somos diferentes – esse é o ponto essencial. O gestor de vendas precisa ser um estudioso do comportamento humano. Sem essa característica, não obterá êxito ao longo do tempo. Um procedimento essencial ao assumir a nova gestão é mergulhar na análise de cada membro da equipe. Para isso, busque dados, pegue os registros existentes na própria empresa, as vendas de cada um.

As tendências observadas, mais dominantes em um vendedor, em uma equipe, *versus* a outra: há equipes que vendem em menor prazo médio; outras não conseguem. Umas convertem mais; outras menos. Preste atenção, lendo nas entrelinhas dos resultados históricos. Há vendedores que têm as vendas mais concentradas; outros menos. Veja o porquê. Procure ver o histórico de vida de cada um: onde nasceu, de onde veio, o que fez na vida, o que a biografia de cada um revela a respeito de sua personalidade.

Compare essas produções com o tempo de casa. Estatisticamente, sabemos que, quanto maior é o tempo de casa, maiores costumam ser as vendas do vendedor. Compare essa produção entre equipes. Analise a influência do supervisor. Estude o que acontece em uma equipe que tem um grande campeão de venda *versus* outra cujo desempenho entre os membros é parecido.

É sempre importante você contar com o apoio de outras áreas da empresa. O departamento de Recursos Humanos, por exemplo, pode ser muito útil. Um exemplo real dessa utilidade é o caso de uma empresa em que todos os vendedores foram analisados e os respectivos estilos e comportamento foram comparados. O estudo foi gentilmente cedido pela Arquitetura Humana (empresa especializada em gerenciamento estratégico humano), que utiliza um programa internacional chamado PI (*Predictive Index*). Um questionário foi aplicado a todos os vendedores, o que auxiliou em uma melhor leitura dos comportamentos mais adequados ao sucesso naquela determinada circunstância empresarial. É importante saber que não há um tipo certo ou ideal. Dependerá do papel a ser interpretado pelos vendedores em determinado ambiente.

Ele pode ser mais rústico, mais sofisticado, ter maior paciência em função de vendas de ciclo longo ou ter altíssima impaciência em vendas de alta velocidade. Depende da situação.

Portanto, não esqueça: nada de manter padrões preconceituosos na cabeça. Mente aberta; você está tratando com pessoas e, para que elas façam a diferença, precisam ser diferentemente focadas em função dos desafios.

Nesse exemplo, as conclusões apontam que o maior desempenho em vendas é de vendedores de perfil com dominância muito alta, os mais fechadores, os informais, e os que são mais extrovertidos e menos formais. Nos gráficos, essas características são chamadas de *self*, que significa como a pessoa é de verdade.

O conceito de *self* é como a pessoa se adapta, como ela fica, na circunstância do ambiente onde está. Seria como ela quer ser ou como ela precisa ser. E a síntese é como ela pensa que é vista pelos outros. Nesse exemplo, há uma adequação entre como se veem e como acham que são vistos pelos outros, surgindo apenas o aspecto de formalidade como fator adicional. Portanto, a síntese, que é a interação dos dois diagnósticos, revela que baixa paciência e a extroversão maior do que paciência oferecem os perfis ideais, o que configuraria um grupo humano de grandes produtores em vendas.

Os quadros estatísticos com as inferências exemplificam o tipo de análise que é possível ser feita com toda a equipe para auxiliá-lo a conhecer e compreender os novos recrutamentos e programas de seleção de vendedores, e também como agir com eles (ver quadros 2 a 9).

INCLUSÃO - O QUINTO CAMINHO

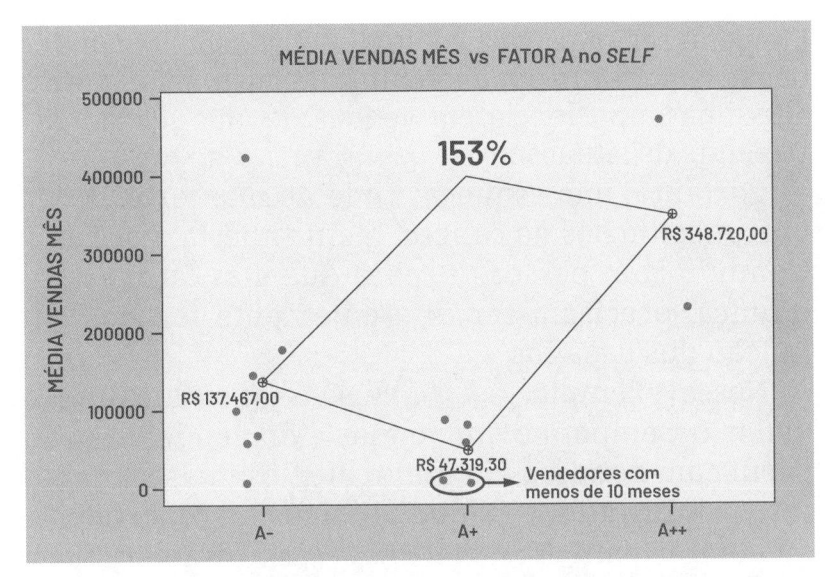

MÉDIA VENDAS MÊS vs FATOR A no *SELF*

- 153%
- R$ 348.720,00
- R$ 137.467,00
- R$ 47.319,30 → Vendedores com menos de 10 meses
- Eixo X: A-, A+, A++

Os melhores vendedores possuem dominância muito alta no *self*.
P-Value = 0,085

Quadro 2

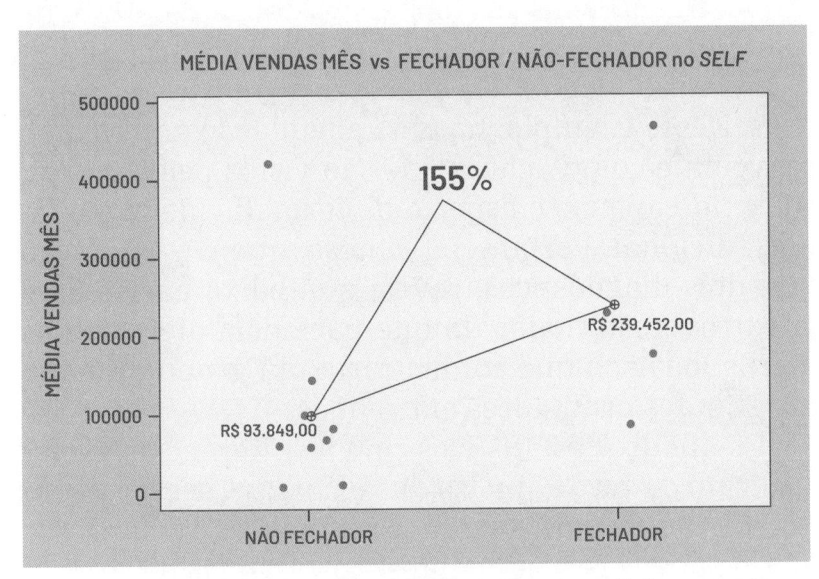

MÉDIA VENDAS MÊS vs FECHADOR / NÃO-FECHADOR no *SELF*

- 155%
- R$ 239.452,00
- R$ 93.849,00
- Eixo X: NÃO FECHADOR, FECHADOR

Os melhores vendedores são fechadores no *self*. Possuem alta dominância e baixa formalidade.

Quadro 3

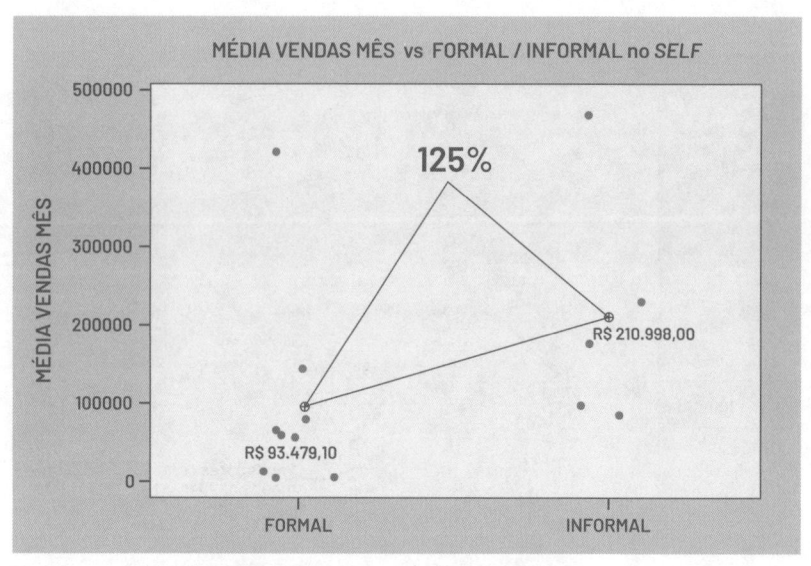

OS 7 CAMINHOS PARA CRIAR UMA PODEROSA FORÇA DE VENDAS HUMANA

MÉDIA VENDAS MÊS vs FORMAL / INFORMAL no *SELF*

125%

R$ 210.998,00

R$ 93.479,10

Os melhores vendedores são informais no *self*.
P-Value = 0,028

Quadro 4

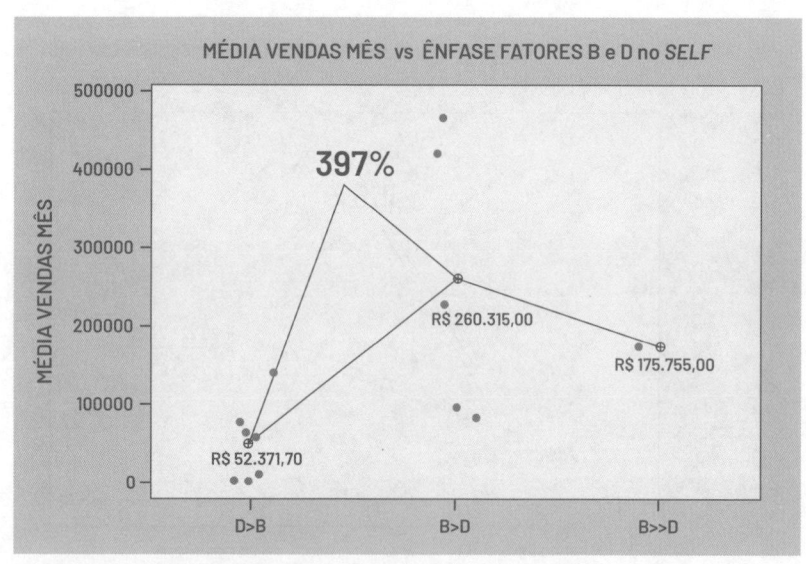

MÉDIA VENDAS MÊS vs ÊNFASE FATORES B e D no *SELF*

397%

R$ 260.315,00

R$ 175.755,00

R$ 52.371,70

D>B   B>D   B>>D

Os melhores vendedores possuem extroversão maior que formalidade no *self*.
P-Value = 0,004

Quadro 5

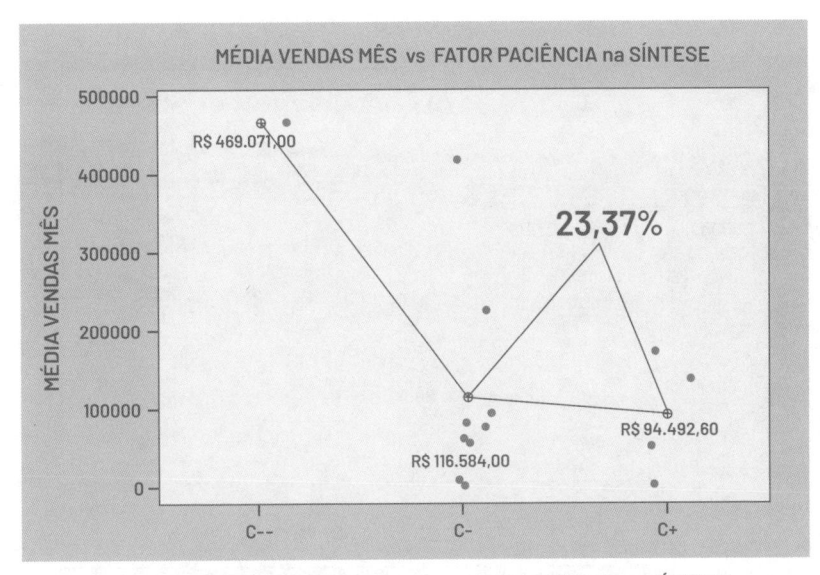

INCLUSÃO - O QUINTO CAMINHO

MÉDIA VENDAS MÊS vs FATOR PACIÊNCIA na SÍNTESE

Os melhores vendedores possuem baixa paciência na SÍNTESE.
P-Value = 0,043

Quadro 6

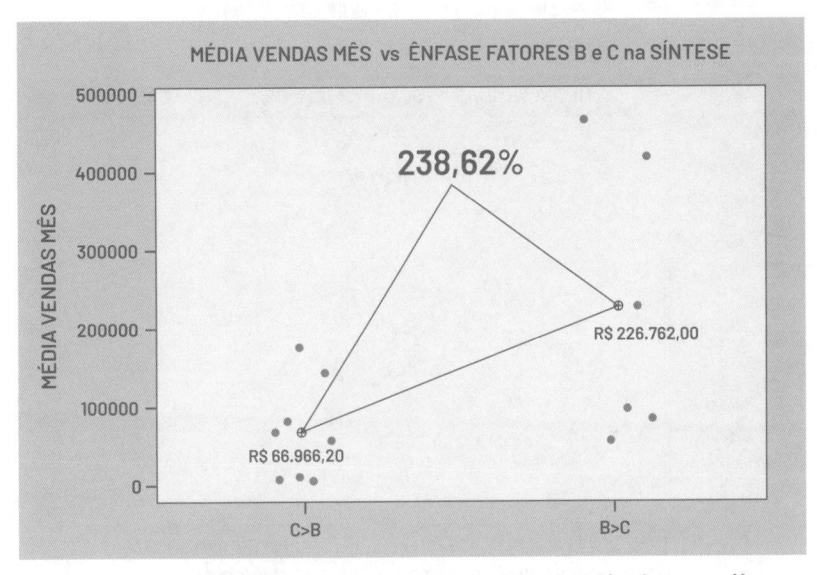

MÉDIA VENDAS MÊS vs ÊNFASE FATORES B e C na SÍNTESE

Os melhores vendedores possuem extroversão maior do que paciência na síntese.
P-Value = 0,037

Quadro 7

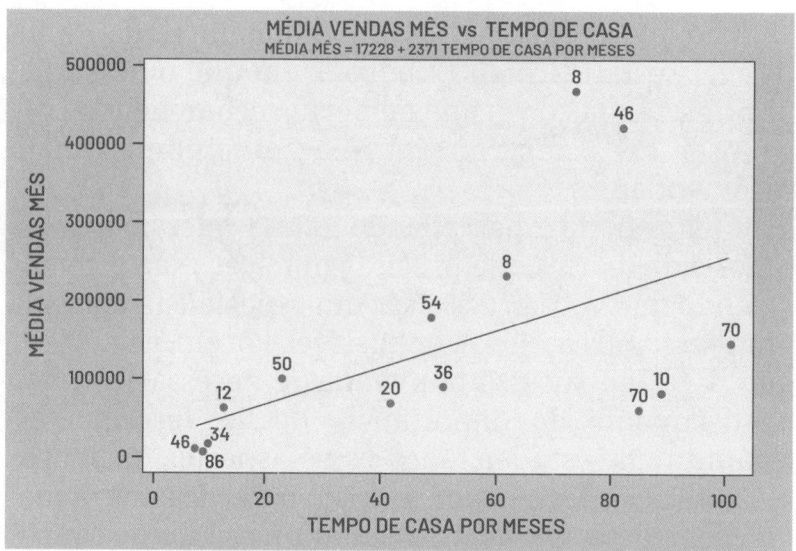

MÉDIA VENDAS MÊS vs TEMPO DE CASA
MÉDIA MÊS = 17228 + 2371 TEMPO DE CASA POR MESES

VARIÁVEL	CORRELAÇÃO	P-VALOR
TEMPO DE CASA vs VENDAS	0,537	0,048

Observando os valores da tabela, podemos concluir que existe uma correlação positiva entre média de vendas e tempo de casa. Portanto quanto maior o tempo de casa maior a média de vendas do vendedor do mês.

Quadro 8

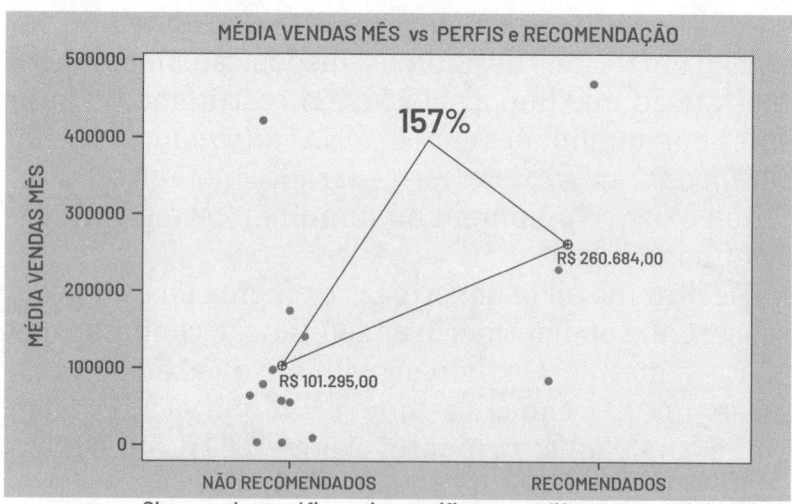

MÉDIA VENDAS MÊS vs PERFIS e RECOMENDAÇÃO

Observando o gráfico acima verificamos a diferença na média de vendas de 157% entre perfis recomendados e não recomendados.
P-Value = 0,075

Quadro 9

A conclusão desse trabalho é demonstrada na inferência estatística do Quadro 9, em que o desempenho das vendas do grupo de perfil recomendado chega a ser 157% superior em relação ao do perfil não recomendado.

O leitor pode ir percebendo todos os desafios de estudos e de teorias que precisa conhecer. Não estamos dizendo que você precisa ser um especialista em cada uma dessas áreas. Isso é impossível. Porém, deve saber que para seu sucesso em vendas é necessário tomar conhecimento da importância dessas ferramentas. Quanto mais estudar todos esses aspectos, melhores serão as decisões e maior será seu nível de assertividade. Além disso, você vai constatar que a grande equipe de vendas nasce na seleção e no recrutamento.

O comportamento esperado das pessoas tende a repetir seu histórico anterior, e cada um de nós vem com uma carga maior disso ou daquilo. Saber, então, qual é o tipo de missão a ser cumprida pelos vendedores é essencial para que você tenha o melhor potencial em termos de equipe à disposição. Depois, é só calibrar ao máximo a seleção e o recrutamento para obter personalidades com o "DNA" adequado à tarefa. Lembre-se: não existe certo, errado, melhor ou pior. O que existe é o homem ou a mulher certos para determinado lugar.

Decifra-me ou te devoro. Eis o enigma da esfinge de Tebas. Cabe ao líder decifrar seu time, e conhecer melhor a si mesmo. Quando alguém diz que não gosta da sua equipe de vendas, costumo pedir que vá ao espelho e olhe para o único responsável por ela. O próprio líder.

Dessa forma, ao dirigirmos milhares de seres humanos em vendas, recebemos impactos poderosíssimos de cada pessoa, e, se buscarmos o autoconhecimento, sem dúvida teremos o melhor de todos os laboratórios do mundo para o autodesenvolvimento: uma força de vendas humana.

A esfinge de Tebas perguntava aos viajantes:

— Qual o animal que de manhã tem quatro patas, ao entardecer duas e ao anoitecer três?

Se o viajante não soubesse decifrar o enigma era devorado.

A resposta certa é:

— O homem! De manhã engatinha, quatro patas, ao entardecer, adulto, fica em duas patas, e, ao anoitecer, envelhece, usa uma bengala, três pernas.

Todos os estudos de perfil e de personalidades, bem como fundamentos de neurolinguística, servem prioritariamente ao próprio líder. Submeta-se e aprenda junto com suas equipes.

Regras do jogo: deixe claro aos vendedores o que você não negocia

Sem disciplina nem regras não pode haver inclusão. Prevalecerá a lei do mais esperto. Justiça continua sendo virtude *sine qua non* do dirigente de vendas. Você deve implantar o que Jim Cunningham, reitor da Universidade Disney, denomina não negociáveis, ou seja, aquilo que você não negocia. Podemos afirmar, por experiência própria, que funciona, e muito. Defina quais são as regras para se trabalhar com você, e o que você quer e o que todos têm de cumprir. Porém, escreva em um papel e mostre a todos essas regras. Na maioria das vezes, os gerentes de vendas têm suas regras, mas elas não estão escritas. Esclareça a todos quais são as suas.

As situações de desconforto entre gerentes e vendedores ocorrem na maior parte das vezes porque os gerentes não esclarecem as regras. Seja qual for seu jeito de liderar a equipe de vendas, existem coisas de que não abre mão.

Em meu caso, por exemplo, nunca negociei horário com os vendedores. Sempre estabeleci a regra de que os vendedores tinham um horário determinado para começar o dia: oito horas; nunca depois desse horário. No ato da contratação, deixava clara essa regra, escrita em um papel. Horário: oito horas da manhã.

Estabeleci esse horário, pois acho que a primeira regra para um vendedor ter sucesso é disciplina. Você não pode deixar todos à vontade. Existem vendedores que não precisam de regras, mas, confesso, são exceções no mundo das vendas. Nesse mundo, devem existir regras. A verdade é que cada um tem as suas regras, mas o que não se pode é deixá-las apenas com você. Se tem como regra o vendedor trabalhar de gravata, roupa social etc., isso precisa ficar claro logo no primeiro dia em que assumir o comando. Se tem como regra o vendedor ficar um tempo no escritório e um tempo na rua, tem de estar claro. Se tem como regra o vendedor fazer "x" entrevistas por dia, também deve ser esclarecido logo de início. Enfim, há coisas que você pode negociar e outras não, embora tudo tenha de estar explicado por escrito.

Para se formar um time "campeão em vendas", o gerente de vendas tem de ter em mente que está lidando com pessoas, e que existem as boas e as ruins. Jamais vimos uma equipe campeã em vendas que não tivesse um gerente cujas regras fossem bem aplicadas.

Escreva em um papel quais são as suas. Procure deixá-las claras aos vendedores, e verá como as coisas mudarão da noite para o dia. Tome essa providência o mais rápido possível. Ouvimos falar muito de gestão de vendas moderna para vendedores. Vendedores livres, com horários livres etc. Porém, não somos partidários dessa forma de trabalho. Afinal de contas, vendedores são pessoas comuns, com seus problemas etc. Não estamos sugerindo que você imponha uma série de regras; o que sugerimos é que esclareça as suas regras. Se alguém lhe perguntasse: "A sua equipe conhece as regras para trabalhar com você? Estas regras estão escritas?", o que você responderia?

Conheço dois tipos de situação nas empresas. A primeira é quando tudo está bom. Quando uma empresa está vendendo e tudo caminha tranquilamente, qualquer um pode exercer o papel de liderança. Agora, quando a empresa não está vendendo, aí sim o desespero começa a bater, os acionistas querem o dinheiro e por aí vai. Não sabemos qual momento você vive agora como gerente de vendas, se de vendas em alta ou em baixa, mas, não importa o momento, afirmamos: mostre suas regras para a equipe. Um grande líder de vendas tem regras. Pense nos grandes gestores de vendas que conheceu ou conhece. A maioria tem sua forma de "tocar" a equipe, e a cumpre à risca.

Implemente o relatório de visitas e entrevistas

Inclusão significa apresentar rumo, normas e procedimentos para que a maioria das forças de vendas possa ser bem-sucedida. Nada resiste ao fracasso contínuo. Nenhum projeto sobrevive à ausência do sucesso. Sem ele, não pode haver felicidade em vendas. Para tanto, implante o relatório de vendas para toda a equipe. Aqui, vamos chamá-lo de relatório de visitas e entrevistas. Como dissemos, não somos muito a favor da famosa gestão moderna da equipe de vendas; somos a favor da gestão que dá resultados positivos para todos: acionistas, funcionários e clientes.

O relatório é a única forma que há para você ter a equipe nas mãos, ou seja, você precisa e deve saber quantas visitas e entrevistas os vendedores fazem por mês, por dia etc. Os modernos *softwares* de vendas facilitam isso como vimos em capítulos anteriores.

Veja bem, controlar as vendas é fácil – qualquer um pode acessar o computador da empresa e saber quanto você vendeu no mês passado –, mas se alguém lhe perguntar: "Para quantas pessoas você não vendeu no mês passado?", você saberia responder? Esse é um assunto polêmico, pois os melhores vendedores não usam relatório, porém afirmamos que, se usasse, venderiam ainda mais.

Cabe agora a você, como gestor de vendas, implantar um relatório que todo vendedor tenha de preencher no final do dia. Implantar o relatório de visitas e entrevistas dá trabalho, principalmente se seu antecessor não tinha esse hábito e, o que é pior, provoca desgaste, mas apenas no começo. Você deve estar preparado para se desgastar com alguns membros da equipe. Não vamos discutir o modelo do relatório que você tem de implantar; mas você precisa, e deve, saber com quantas pessoas os vendedores falam e, destas, para quantas vendem ou não. Se vai gerenciar uma equipe de campo, que sai de manhã e à tarde lhe mostra os resultados, aí então é que você tem mesmo de controlar tudo.

Não se iluda em achar que todos trabalham da mesma forma. Não se iluda quando algum vendedor lhe disser que faz dez entrevistas em um dia – é impossível. Não caia nessa. Você tem todo o direito de cobrar o relatório de visitas e de entrevistas de cada vendedor. Não queira se colocar como os demais gerentes de vendas, que tocam a equipe no "achômetro" – isso é coisa do passado. Tudo tem de ser controlado, principalmente o relatório de visitas e entrevistas.

Já dissemos que, quando uma empresa está vendendo, tudo é festa, mas, quando não vende, então se cria um ambiente desconfortável, e nas horas difíceis os gerentes que têm o domínio da gestão estão sempre à frente dos outros. Quando éramos vendedores, tínhamos tudo controlado. Quando fomos gerentes, também controlávamos tudo. Você precisa se diferenciar dos outros gerentes; precisa ter uma gestão de vendas bem eficaz, e o controle da situação é algo que fará de você um gerente de vendas eficaz.

Como lhe dissemos, alguns vendedores reclamarão, em particular os campeões, mas isso é algo normal. Mas lembre-se de que a regra é para todos. Você pode estar se perguntando agora: "Como devo agir com o Fulano, que é meu campeão de vendas e detesta fazer relatórios? Ou usar o CRM de vendas?". Simples: diga que o relatório é para todos, e que o campeão de vendas tem de ser o espelho para o time. Você tem de despachar o vendedor com o relatório nas mãos. E o vendedor tem de lhe apresentar o que fez durante o dia e o que fará no dia seguinte.

Um verdadeiro profissional de vendas tem relatório de visitas e entrevistas. Se o seu campeão de vendas está resistente em preenchê-lo, explique-lhe que, se fizer o relatório, as vendas dele aumentarão. Não se preocupe com o campeão de vendas; você tem de se preocupar é com a faixa intermediária de vendedores; esses são os verdadeiros "problemáticos" da equipe de vendas, aos quais a maioria dos gerentes não presta atenção. Você deve gerir a faixa intermediária com extrema segurança, e o relatório de visitas e entrevistas é algo que deve ser implantado logo no primeiro dia como gerente de vendas.

Tome cuidado com a cultura que a empresa nutre em relação a relatórios. Na maioria das empresas, pequenas ou gigantes globalizadas, os problemas são quase iguais quando falamos de relatórios de visitas e entrevistas. Mas a TI (tecnologia da informação) é tão somente uma ferramenta que aumenta a velocidade e a visibilidade. Se não existir cultura, os investimentos em tecnologia e informatização da força de vendas não provocarão a inclusão desejada. Em vez de sinergia, causarão "alergia".

Inclusão traz a responsabilidade com recrutamento e seleção; perpassa pelo olhar que precisamos ter da equipe; abrange a disciplina, os fatores inegociáveis e a busca permanente do lugar ideal, onde cada guerreiro da força de vendas humana poderá executar o melhor de seu poderoso papel comercial.

CRIAÇÃO
o sexto caminho
6

"Só a arte dá visibilidade à verdade."
Salvador Dalí

Sem arte não tem negócio. Uma extraordinária força de vendas humana é um engenho artístico. Visualizo o nosso admirado e estimado amigo maestro João Carlos Martins. Um líder funciona como um maestro de pessoas e busca o aprimoramento de cada membro na habilidade do uso do seu instrumento.

E, nesse caso, vendas, um profissional de vendas precisa desenvolver e aperfeiçoar o uso de si mesmo como um ser humano que comova outros seres humanos. Impactos que o farão inesquecível. Jamais nos esquecemos de um ou de uma grande vendedora. A grande arte da venda não está no visível, e sim na criação mental de materializar o invisível.

É criatividade. Em vendas, reunimos as mais distintas áreas do conhecimento humano, desde a ciência exata das calculadoras, das finanças, das métricas da produtividade, até os mais nebulosos labirintos das investigações motivacionais, do *neuromarketing*, do teatro realista de Stanislavski e sua associação com o palco do comércio. Uma vez, por solicitação de um grupo de vendedores com quem trabalhávamos, autorizamos a presença de uma especialista em florais que distribuía os melhores "fluidos" numa grande operação de televendas. Em outra vez, encomendamos a uma especial amiga e astróloga, Dione Forti, uma palestra única para a força de vendas objetivando conciliar abordagens e argumentos de vendas mais adequados para cada elemento zodiacal. Ela criou o programa "vendendo signo a signo". Podemos afirmar que teve ótimo impacto!

Anos atrás, na ESPM, criamos o *workshop A arte teatral nas vendas*. Um sucesso. Preparávamos executivos para a construção de papéis fora do palco, na vida, com base no método Stanislavski.

Um ser humano de sucesso será aquele que compreender a potencialidade que existe dentro de si mesmo.

Em síntese, caro leitor, vendas é arte. Misturamos, integramos, condensamos uma série gigantesca de ciências e não ciências, transportamos tudo no veículo mais admirável do universo, o ser humano, para interagir com outro admirável ser humano: o cliente. O sexto caminho só poderia ser criar. O poder da criação.

Numa das experiências mais curiosas que tivemos, esta na área rural, os vendedores tinham dificuldade para vender uma máquina agrícola que tinha um tanque de 600 litros. Tratava-se de um pulverizador da Jacto, e que, de maneira inovadora, passou a ser fabricado com plástico polietileno de alta densidade. Plástico, naquele momento, soava para os agricultores como coisa fraca, ruim. Os outros equipamentos eram todos de fibra de vidro.

A aparência e a experiência com fibra de vidro geravam uma percepção de que esse produto era melhor, mais resistente e mais firme. Portanto, como fazer para persuadir, em pouco tempo, agricultores conservadores de que o plástico era um negócio melhor que a fibra em relação àquelas máquinas? Não havia explicação que convencesse, nem palavras que funcionassem.

Um dia, o fundador e presidente da empresa, sr. Shunji Nishimura, passava ao lado das máquinas encalhadas no pátio da empresa. Por essas coisas da vida, eu estava passando por ali ao mesmo tempo. O sr. Nishimura, um líder espetacular, me chamou e perguntou:

— Tejon, por que essas máquinas não estão vendendo?

E eu respondi:

— Por que são de plástico, sr. Nishimura, agricultores acham que quebram. Preferem tanques de fibra de vidro.

Imediatamente, aquele sábio japonês me disse:

— Pega uma marreta.

Fui buscar e vim de marreta na mão. Então, ele falou:

— Bate com toda força naquela máquina com tanque que agricultores preferem, de fibra de vidro. Eu me assustei e disse:

— Vai estragar, sr. Nishimura.

Ele deu a ordem, para bater. Não hesitei mais e meti uma marretada bem no meio do tanque, que fez um amassamento, esgarçando e danificando a fibra.

Então, Nishimura deu a segunda ordem:

— Agora bate com força no tanque que agricultores acham fraco, o de plástico.

Hesitei e disse:

— Sr. Nishimura, vai estilhaçar e quebrar.

Ele de novo mandou bater com força.

Senti naquele momento um prazer delicioso, o de quebrar duas máquinas na frente do presidente e sob seu comando. Preparei a marreta para detonar aquele tanque de 600 litros de plástico do novo pulverizador que não vendia, pensando, os vendedores vão me agradecer, o sr. Nishimura vai desistir dessa ideia do plástico.

E lá foi marreta no centro daquele tanque.

Imagine o que aconteceu. Não sei se você já teve uma experiência de tocar um bumbão numa fanfarra, aquele bumbo gigantesco. Foi exatamente o que ocorreu. A marreta bateu no tanque, ouvi o som de um bumbo, e ela retornou caindo da minha mão pela força da resiliência. E o tanque continuou inteiro. Então, o sr. Nishimura perguntou:

— Tejon, qual máquina é mais forte?

Eu respondi:

— A de plástico, sr. Nishimura, a de plástico.

E esse líder, também um grande vendedor, disse:

— Tejon, compre marretas e distribua para todos os vendedores saírem batendo nas máquinas pelos campos afora.

Esse exemplo lúdico, uma brincadeira, um jogo, um desafio, virou uma ação de *merchandising* nos pontos de venda. Uma máquina na revenda, uma marreta e o desafio: vamos dar uma marretada nessa inovadora máquina, e depois na antiga. E você compra a mais forte, pode ser?

Outro exemplo: criar valor começa em casa. Precisa vender o valor de cada cliente para seu vendedor. Um genial diretor de vendas, o Schiavinni, que hoje assessora grandes escritórios de advocacia na arte da venda, ensina: "tranco-me numa sala sem ser interrompido e vendo para cada vendedor, ou consultor de negócios, o valor de cada cliente. Quanto ele vale, e quanto ele significa para a nossa empresa e para o ganho de cada vendedor. A vida me ensinou que a hora da 'atribuição' é a hora mais sagrada da venda. Um cerimonial. Se o vendedor não compra o cliente não irá vender para ele tudo o que o seu potencial permite".

A venda do valor na mente de cada vendedor é um ato de criação mental, que começa em casa.

Todos precisamos buscar em nossa área de vendas efeitos criativos. Vimos um vendedor de automóveis

CRIAÇÃO - O SEXTO CAMINHO

fazer um sucesso gigantesco nos feirões de carros só porque distribuía miniaturas de automóveis da marca que representava para os filhos dos casais que faziam compras. As pessoas, em sua maioria, voltavam para fazer negócio com ele. Como sempre, pessoas gostam de fazer negócios com as pessoas de que mais gostam. Uma miniatura de carro, uma peça simples e criativa no ato da venda, foi uma ótima ideia. Tire você também o "S" da "crise": Crie! Em vendas, vivemos sempre os ciclos de alta e baixa da economia. É nossa vida. Faz parte do *"show"*. Preste atenção e procure ter alguma coisa na mão da força de vendas que alavanque o conceito, o diferencial, a exclusividade do produto ou serviço. Não precisa ser caro. Apenas criativo e oportuno.

Numa área industrial, um vendedor precisava mostrar que seu equipamento tinha a dureza equivalente à do diamante. Era um produto feito de "alumina". Ele comprou uma série de espelhinhos, daqueles baratos, redondinhos. Do lado não espelhado, ele colocou os símbolos de clubes de futebol. O vendedor perguntava ao cliente: "Qual é o seu time?". O cliente respondia, ele pegava o espelhinho do time do cliente e dava de brinde. E então perguntava de novo "Qual o time que você não suporta?". O cliente respondia. O vendedor pegava o espelhinho do time inimigo e a peça que vendia, feita de alumina. E fazia mais uma pergunta: "Com o que riscamos e cortamos o vidro?". Com o diamante respondia o cliente. "Mas também com meu produto, que tem a mesma dureza do diamante...", dizia ele, e riscava o vidro do espelho com o time do qual o cliente não gostava. A partir daí, pedia para fazer um teste ou já partia para negociar um lote experimental com o equipamento. A conversão de visitas em negócios fechados triplicou.

Manter uma criança viva dentro da sua força humana de vendas é um imenso diferencial. A alma infanto-juvenil e a ludicidade, o jogo, o brincar, vendem mais.

A arte da venda é a arte das perguntas

Estabeleça junto aos vendedores as perguntas-chave que vendem o seu produto.

Embora já tenhamos falado de treinamento, agora trataremos com criatividade das "dicas" de como aumentar a produtividade e a qualidade das conversões de vendas. Sente-se com a equipe e estabeleça quatro ou cinco perguntas-chave para o produto ou o serviço que vocês vendem. É impressionante como um número muito grande de gerente de vendas não aplica sequer uma técnica de vendas a seu grupo.

Poderíamos falar de técnica de vendas pelo menos pelas próximas cem páginas, mas esta, sobre perguntas-chave, você tem de implantar de imediato com a equipe. São perguntas que ajudam a vender o produto. São perguntas que despertam no cliente um desejo de comprar o produto. Preste atenção com quais perguntas os seus clientes se sentem mais propensos a refletir sobre a compra do produto. O exercício para descobrir quais são as perguntas-chave do seu negócio tem de ser feito em conjunto com os vendedores, em um exercício com a participação de todos.

Treinar a equipe é competência do gerente de vendas. Coloque essas cinco perguntas-chave em algum lugar bem visível para que toda a equipe possa refletir sobre elas todo o tempo. Faça um cartão de visita para os vendedores com as cinco perguntas-chave. Ficamos impressionados ao constatar que a maioria das empresas não tem estabelecidas as perguntas-chave essenciais para a venda do produto. Você é capaz de vender o produto apenas com a aplicação de quatro ou cinco perguntas essenciais aos clientes. Como você é o líder, o gerente de vendas, cabe a você, junto com sua equipe, descobrir essas perguntas.

Podemos contar nos dedos os gerentes de vendas que treinam a equipe. E, o que é pior, alguns treinam de maneira errada. Mas, se tivéssemos de lhe pedir algo imediato, solicitaríamos que levantasse essas quatro ou cinco perguntas. Estimule os vendedores a aprender o sentido de cada pergunta. Faça dessas cinco perguntas um "ritual" a ser seguido na empresa. Espalhe as perguntas por toda a empresa. Faça cartazes e coloque em todos os setores, para que todos vejam, mesmo não sendo pessoas relacionadas a vendas. Esparrame pela empresa o sentido das perguntas. Quando a telefonista atender um potencial cliente, saberá o que lhe perguntar a fim de motivá-lo a continuar comprando.

Caso você tenha uma equipe de vendedores internos, que atendem clientes por telefone, essas perguntas têm de estar na tela do computador de cada um deles. É impressionante como 90% dos vendedores não sabem fazer perguntas. Ficamos impressionados também com o fato de alguns gerentes de vendas ainda não terem definido as perguntas com a equipe. Faça uma análise em todo o material promocional usado pela empresa. Verifique *folders*, folhetos e, principalmente, o site da empresa. Faça uma limpeza geral nesses itens. Veja se as perguntas-chave também estão no material promocional da empresa. Vendas é um conjunto de várias forças e, além do vendedor, todo o material da empresa tem de ter características "comerciais".

Coloque as perguntas em todo o material promocional de vendas. É uma forma de os vendedores argumentarem na hora da venda. Tanto na venda externa quanto interna, é importante o material promocional complementar o raciocínio do vendedor, ou até mesmo ajudá-lo nas argumentações. O que ocorre é que na maioria das vezes o vendedor tem um raciocínio e o *folder* tem outro. Parece que o *folder* é feito em uma empresa diferente. Daí a ideia de se colocar as perguntas-chave também no material promocional, para que siga a mesma linha de raciocínio.

Como já mencionamos antes, a arte de vender passa pela arte da pergunta. Perguntas vendem, como a de um grande vendedor de *off road*:

— O que você vai fazer com um Jeep *off road*, gosta de mexer em mecânica ou não? Vai usar mais no asfalto ou nas trilhas?

E com essas perguntas adquiriu confiança do comprador e vendeu o veículo certo para aquele cliente.

Ou a pergunta que inspirou Alexandre Costa a transformar a Cacau Show na maior franquia de chocolates do mundo:

— Por que você não abre uma franquia da Cacau Show?

Simples assim. E mais perguntas mudam vendas e a vida.

A fábrica das sanfonas Todeschini pegando fogo e um sócio pergunta para o outro:

— E agora, o que vamos fazer?
— Móveis! – diz o outro, e fizeram.

Assim perguntei depois de duas semanas cansativas de uma negociação no Japão:

— Se eu ganhar de vocês no karaokê esta noite fechamos o negócio amanhã?

E fechamos.

Estimule a arte das perguntas. Assim fazem grandes vendedores, advogados, jornalistas e líderes de vendas.

Nomeie as campanhas de venda

Outra dica simples e criativa é "batizar" as campanhas, as partes como você divide a operação de vendas anual. Essa iniciativa aumenta o resultado. Também é importante saber que quanto mais focada, objetiva, curta e bem mensurada for uma campanha de vendas maior o poder do resultado. Chegamos a trabalhar com estímulos de vendas-surpresa para o período da parte da manhã das vendas; para a parte da tarde; para uma meta de "ponte" (vendas num dia útil no meio de dois feriados); para a semana entre o Natal e o final do ano. As campanhas podem ser momento a momento, até semanais, quinzenais, de 21 em 21 dias etc. Você já deve ter ouvido este nome: Operação Tempestade no Deserto. Essa operação foi assim chamada pelo general Norman Schwarzkopf quando os Estados Unidos invadiram o Iraque na famosa Guerra do Golfo. Várias corporações utilizam nomes para quando se define determinado alvo. Faça-o constantemente, em todas as campanhas de vendas ou operações da sua empresa. A Lava-Jato podemos não saber muito bem como funciona, mas todos sabemos que virou um show de pega corrupção.

Acreditamos que, quando você dá um nome a uma campanha, ou operação, ela ganha força. Comece a batizar suas campanhas de vendas. Dê-lhes nomes que tenham tudo a ver com a energia da campanha, ou melhor, nomes que direcionem a equipe toda a caminhar para um único objetivo. Quando você batiza uma campanha, cria um vínculo a mais para chegar à meta. Algumas campanhas, por si sós, têm um nome muito forte. Acreditamos que o nome de uma campanha possa ser o décimo segundo jogador da sua equipe.

Existem campanhas com nomes bem específicos, ou seja, direcionados. Procure "nomes" que possam de fato dar um sentido à estratégia do seu negócio, ou ao número de vendas que precisa alcançar, ou até mesmo um nome relacionado a alguma situação. Você também pode nomear a campanha segundo o momento da empresa, algum momento específico do ano, ou em função do momento do país. Recordamos que, quando montamos nossa empresa em Portugal, a primeira campanha de vendas foi batizada de Operação Benfica, em homenagem ao time de futebol português.

Quando fizemos também o primeiro trabalho no México, batizamos nossa entrada de Operação Los Cabos, em homenagem à belíssima região do México. Outro nome que marcou muito algumas das campanhas que fizemos foi a Operação Roleta-Russa, na qual tínhamos de arriscar, e com grande risco, pois se tratava de nossa sobrevivência no mercado. Utilizar o termo "operação" em vez de "campanha" tem um sentido forte. Caracterize sua equipe, o lugar, a sala, o ambiente, tudo e todos, em concordância com o tema da campanha que está em andamento.

Campanhas têm tudo a ver com o estado de espírito. "Vista" toda a empresa com o nome da campanha, ou melhor, com o que a campanha significa. Enfim, algumas campanhas têm nomes diferentes, esquisitos ou até sem graça. O que você tem de fazer é colocar nomes que transmitam certa energia para a equipe.

Faça campanhas mais curtas. Em campanhas curtas, você consegue corrigir a rota. Não deixe que os vendedores se cansem. Não há coisa pior que campanhas longas. Nas campanhas longas, o desgaste é inevitável. O ideal são campanhas de no máximo três meses, em que, no final do terceiro mês, você já pode corrigir suas falhas e lançar outra. Falamos em "vestir" a empresa com a "cara da campanha"; no caso de campanhas muito extensas, achamos que a força que as motiva começa a decair. Por isso, o ideal é uma nova campanha, com uma apresentação diferenciada, a cada três meses.

Converse com a equipe. Ache um motivo para batizar uma operação de vendas que estiver executando. Escute todos atentamente, e envolva também o pessoal dos bastidores. Não os chame apenas para aplaudir os campeões.

Certa vez, lançamos uma campanha que se chamava Operação Las Vegas. Nela, o pessoal do administrativo apostava no vendedor campeão do dia. Quando fechava o mapa no final do dia, apurávamos qual vendedor havia vendido mais naquele dia, e o pessoal do administrativo que tinha votado nele ganhava certa quantia.

Essa campanha mexeu com todos, pois, logo de manhã, o pessoal administrativo já estava pronto para fazer suas apostas.

Um nome forte em uma campanha pode atrair o empenho de todos.

Tenha um plantão jurídico à disposição dos vendedores

Mas por que, você pode estar se perguntando, ter um plantão jurídico à disposição poderia ser uma boa ideia?

Por nossa experiência, vimos que o que mais influencia as vendas na empresa é o tempo que o vendedor passa disperso. E a dispersão pior que existe é a que vive dentro dele, incomodando-o segundo a segundo. Tira-lhe o foco. Provoca desconcentração. E quem não está focado não está apaixonado. Sem paixão, só tiramos pedido, mas não vendemos. Vender é alterar o estado de espírito do cliente. Vender é obter autorização para realizar uma pequena viagem aos sonhos, expectativas e necessidades futuras do consumidor, tendo o presente como ponto de apoio da alavanca de vendas. E isso exige entrega ao relacionamento de resultados. Portanto, "foco" é a palavra da vez. Além de "fé" e "ausência da dúvida". E, então, voltamos ao plantão jurídico.

Todos temos problemas. Todos, sem exceção. Porém, problemas para os vendedores são um transtorno. Mas existe um tipo de problema no qual você pode ajudá-lo: o problema financeiro. Você não é obrigado a ajudar todos, mas eu o aconselho a ter um plantão jurídico, a fim de que um advogado sirva aos vendedores como uma espécie de pronto socorro, ajudando os vendedores a negociar algumas dívidas etc. Fale com sua diretoria; veja se pode ter um advogado para ajudar a equipe.

Não estamos dizendo para você que o advogado será o salvador da pátria, mas sim que seria alguém com quem o vendedor pudesse desabafar seus problemas, no intuito de obter alguma ajuda. Poucas empresas têm um plantão jurídico para os funcionários; contudo, se implantar um, vai notar que será um grande diferencial para você e para a empresa, embora, em geral, as empresas não deem muito valor a isso.

Não é necessário que o advogado fique à disposição cem por cento do tempo. Você pode fazer um acordo com algum escritório de advocacia a fim de que possam orientar os vendedores em alguns problemas difíceis.

Você não imagina o tempo que as pessoas perdem com problemas assim, que consideramos ladrão de tempo e de energia no cotidiano dos vendedores.

Alguns exemplos de assuntos em que os vendedores podem receber assistência:
- negociação de parcela atrasada do carro;
- negociação de limite do cheque especial;
- negociação do aluguel;
- negociação de condomínio;
- negociação da escola do filho etc.

Um homem de vendas tem de monitorar seu tempo. Às vezes, os problemas são de simples resolução, mas necessitam de um auxílio profissional. Conhecemos inúmeros casos de vendedores que acabam se atrapalhando tentando resolver alguns problemas dos exemplos antes citados. Talvez a empresa não tenha condições de contratar um escritório, porém existem vários estagiários recém-formados e que, mediante um valor pequeno, poderão ajudá-lo. Se puder, contrate pelo menos um estagiário. Não sabemos o tamanho de sua equipe, mas imaginemos que ela tenha cem vendedores.

Pare para pensar: quantas vezes você mesmo se deparou com problemas que, vistos de outro ângulo, por uma outra pessoa, foram solucionados de modo rápido e simples? Não caia no costume de ficar liberando as pessoas para resolver problemas, todos os dias. Cansamos de ouvir aquela história: "Chefe, amanhã tenho de chegar mais tarde, pois vou resolver tal problema...". No outro dia, a mesma história: "Hoje tenho de sair mais cedo para resolver tal problema...", e outros casos semelhantes.

Se não conseguir ter uma assistência jurídica de plantão, comece pelo menos a administrar de forma diferente as "saídas" dos vendedores para resolver os problemas. Não libere as pessoas com tempo "picado", ou seja, um pouco à tarde, outro tanto de manhã... Converse com o vendedor e lhe faça a seguinte pergunta: "Quantos dias você precisa para resolver esse problema?", ou seja, libere o tempo que ele achar ideal. Se achar que precisa de dois dias, libere-o dois dias. Estabeleça um acordo: "Vou liberá-lo hoje e amanhã, mas, quando voltar, quero tudo resolvido". Assim, quando o vendedor retornar, se sentirá obrigado a vir com o problema solucionado, pois você lhe deu o prazo que ele pediu, e não o que você quis.

Grandes vantagens, grande cautela

O caro leitor não pode ignorar o novo poder das redes sociais e das vendas pela *Internet*. A utilização do *e-mail* ficou comum nas relações *business-to-business*. E, nesse caso, entram as questões de segurança, as questões legais. Além disso, quando usamos o *e-mail* para motivar e entusiasmar a equipe, precisamos ter atenção ao que modernamente seria considerado "assédio moral".

Nada de entrar no mérito de aspectos sexuais, raciais, de classe social, de portadores de deficiências, ou qualquer assunto que sugira um preconceito de qualquer natureza, inclusive religioso.

Você não pode ignorar uma série de ações trabalhistas acionada contra empresas com alegações dos mais variados tipos. Em vendas, costumamos criar climas competitivos, brincar com as equipes que não atingiram suas metas. Então, cuidado. Cada vez mais você precisará observar os termos e o cuidado político dessas iniciativas. E o *e-mail* e a comunicação pela *Internet* só podem ser utilizados dentro de um código moral.

Também vale registrar que o descuido no envio e no reenvio de mensagens pode causar transtornos consideráveis. Soubemos do caso de uma vendedora que recebeu uma reclamação do cliente e, sem prestar atenção, reenviou-a internamente, mas se esqueceu de deletar o *e-mail* do cliente. E, nesse *e-mail* interno, a vendedora abria dizendo assim "Pois é... mais uma vez esse cliente desagradável só fica criando problemas onde não existem. Olha a última...", e anexava o *e-mail* dele. O cliente recebeu e ficou indignado, tendo como resultado o corte de relações com a companhia. O assunto só foi resolvido com o afastamento da vendedora daquele departamento.

O importante é que você, dirigente, usufrua das possibilidades de relacionamento que a *Internet* oferece. É necessário escrever textos agradáveis e simpáticos nos *e-mails* comerciais. Uma boa sugestão é criar uma série de *e-mails* bem escritos, para os vendedores emitirem em vários pontos do ciclo da venda. Por exemplo: agradecendo pela primeira entrevista, parabenizando pela compra realizada, apresentando uma oferta extra e especial, enviando novidades e notícias tecnológicas e econômicas, comemorando o aniversário do cliente, da sua secretária etc.

Não ser inconveniente, não cair na tentação de ficar enviando correntes, opiniões políticas, religiosas, preconceituosas e muito menos fotos, filmes e sites pornográficos pelo ambiente da empresa é questão de bom senso e de proteção legal.

Conhecemos um gestor de vendas que adorava brincar pela *Internet* mandando piadas e comentários negativos sobre determinados políticos. Mal sabia ele que um dos seus mais importantes clientes tinha como acionista exatamente um daqueles políticos-alvo das piadas do gerente de vendas. Resultado: perdeu o cliente e o emprego.

Com relação às comunicações, o gestor também precisa ter cuidados especiais ao tratar com equipes autônomas, nas quais não pode haver trocas de documentações que permitam formalizar uma relação trabalhista. Portanto, a *Internet* é uma atração permanente para ser usada. Ela é muito rica na possibilidade da interação e da velocidade das ações; entretanto, antes de digitar e de mandar algo pela *Internet*, conte até cem, e não apenas até dez. Leia, releia. Jamais envie *e-mails* se estiver furioso. Jamais. Você vai se arrepender. E com WhatsApp mais cuidado ainda, conte até 200, pois ele está na boca do perigo, na palma da sua mão.

Os sistemas informatizados e modernos de gestão podem ser acessados pela *Web* e também utilizados pelos terminais dos celulares. Pode-se criar redes de relacionamentos setoriais, abrir programas de treinamento *on-line* para as equipes, se o empreendedor estiver em uma pequena empresa, as possibilidades do uso grátis do que é disponível na *Internet* serão de extrema ajuda no êxito de seu trabalho. As mídias sociais existentes oferecem muitas possibilidades de uso e banco de dados. Mas atenção! São apenas mais uma mídia. A fórmula da comunicação é mais ampla do que uma mídia. Envolve o emissor, passa pela mensagem, incluindo decodificador, aí entra a mídia, atinge o receptor, e gera *feedback*, reações do consumidor e do cidadão.

Mídia não é sinônimo de sucesso. A fórmula da comunicação, sim. Reputação e pertinência são fundamentais nos negócios.

Dosagem do tempo na *Internet* e mídias sociais, com grande proveito das facilidades

Um ponto de atenção é ensinar a equipe comercial a dosar o tempo na *Internet* no Face, LinkedIn, Instagram, WhatsApp, YouTube etc. *versus* a ação pessoal no campo e/ou no ponto de venda *versus* a ação pessoal no campo. Nas estratégias comerciais, poderá haver uma segmentação e um espaço para a criação de um canal de vendas pela *Internet*: o *e-commerce*. Nesse caso, é importante avaliar os aspectos dos conflitos de canais e se a venda direta não estaria canibalizando algum outro esforço de vendas da organização. O uso da *Internet* será sempre oportuno para a geração de *leads* (*prospects*) e mesmo para apoiar as equipes de campo, abrir clientes novos etc.

A revenda é a arte da venda por meio da ferramenta da *Web*, sob direção de um profissional de vendas em um terminal. Preparar os vendedores para prospectarem clientes na rede internáutica, gerando ofertas que circulem pelo *marketing* viral, por exemplo, pode ser estimulante num sistema de corretores e de distribuição autônoma.

Numa visão mais *one-to-one* (um a um), seu vendedor ou vendedora poderão precisar muito da *Internet* para o envio de propostas, para anexar fotos, ilustrações, filmes, materiais; para receber especificações, solicitações de projetos; para o levantamento de pesquisa. A *Internet* vai nos colocando *on-line* e *on time* (na linha e à disposição) o tempo todo. A KLA Educação Empresarial é um exemplo vivo do uso poderoso do *data-base* do *marketing* associado à *Internet*, ao *marketing* viral. Seus grandes congressos são vendidos tendo a estratégia de E@vendas como característica preponderante.

Para vender precisamos incomodar, mas incomodar gostoso. *Voice mails, faces*, podem ajudar ou afastar quem não souber usá-los.

Cris Monteiro, via mídias sociais, criou uma rede com milhares de seguidores e um negócio de atendimento *on-line*, com excelente faturamento no campo do aconselhamento familiar. O Instituto Cris Monteiro. Tudo via *Internet* e suas ferramentas. É possível. Mas não se esqueça. A fórmula do sucesso não está somente no meio. Exige conteúdo, emissor, ótima comunicação, mensagem, atingir as emoções humanas e transformar o *feedback* em monetização.

Exige vendas, sempre.

A *Internet* e a gramática

Um dia recebemos uma solicitação de emprego de uma pessoa que se candidatava a gerente de vendas. O *e-mail* vinha com graves erros de português. Ao escrever, leia e releia. Tenha um dicionário ao lado. Não significa ignorância; ao contrário, ter o dicionário por perto significa prudência. Um *e-mail* para um cliente com erros básicos da língua transmite sensação de insegurança e de falta de cuidado profissional por parte de quem o emitiu, além de prejudicar a imagem da empresa. É prudente que o dirigente busque orientação do Departamento Jurídico e de Recursos Humanos, para formalizar uma boa prática de condutas pela *Internet*.

Da campanha ao clique – como usar o *e-mail* para alavancar vendas

"Dize-me o que tu clicas e te direi quem serás", eis a nova máxima dos dias atuais. Podemos prever atitudes, comportamentos e fazer previsões de consumo e de tendências estudando como os cliques mundiais estão sendo dirigidos. Observe com quem seus filhos andam clicando. E, acima de tudo, preste muita atenção nessa cascata de cliques no seu negócio, na sua empresa e com os seus vendedores.

No passado, podemos nos recordar de um emocionante comercial da Avon, cuja vendedora apertava a campainha de uma casa para ser recebida e oferecer seus produtos. Tratava-se do "Avon Chama". A venda porta a porta não diminuiu. Ao contrário, cresce no mundo todo. E, adicionando-se ao porta a porta, vem a multiplicação dos meios, dos acessos e dos contatos, com a geração clique mania. As vendedoras porta a porta acionam seus cliques, movimentam celulares, criam eventos, reuniões, fazem parcerias com comerciantes do bairro, engajam mais vendedores nas redes – mais cliques. Do WhatsApp, mais negócios, vendas, relações etc. Mas cuidado com a pertinência. Pense bastante sobre o lado invasivo de todas essas mídias. Não se transforme em impertinente. Para vender, precisamos incomodar, mas incomodar gostoso! *Voice mails*, *faces*, podem ajudar ou afastar quem não os souber usar.

Entramos na era de uma Cacau Show, a maior franquia de chocolates do mundo, abrir vendas porta a porta e lançar carrinhos de sorvetes nas praias; de uma Amway que amplia seu relacionamento pela *Internet* e abre lojas em paralelo aos seus "empresários independentes", e de vendedores que precisam ser "multimidiáticos".

Portanto, vamos lá: reúna imediatamente sua equipe de vendas e pergunte como é o uso do *e-mail* para contatar os clientes. Pergunte se os clientes preferem o contato pessoal ou por *e-mail*, ou mesmo por telefone. Há uma pesquisa com empresários, diretores, executivos etc. que informa que 70% deles preferem contato por *e-mail* e não por telefone ou visita pessoal.

Vamos lhe fazer uma pergunta: é mais fácil falar com você por *e-mail*, telefone ou WhatsApp? Sem sombra de dúvidas, por *e-mail*. O *e-mail* é algo que veio para ficar nos negócios, ou seja, muito dos negócios são quase fechados por esse meio. Sendo assim, o vendedor, daqui para a frente, tem de saber se comunicar por *e-mail*. Bem-sucedido será o vendedor que consegue colocar nas pontas dos dedos o que tem na cabeça. Gerar *leads* quentes, a sabedoria que a mídia social ajuda o vendedor. Nada que já não falássemos na época do *marketing* direto, a diferença está na facilitação tecnológica e custo viável, agora.

Não estamos falando de propaganda via *e-mail*; falamos sobre conversar por *e-mail* com *prospects* e clientes. Essa é uma realidade que você, como gestor de vendas, tem de encarar de frente. Verifique como é a comunicação escrita dos vendedores via *e-mail*. Veja os *e-mails* que os vendedores mandam aos clientes; veja como está a acentuação, a ortografia, a gramática e, principalmente, a abordagem dos clientes ou futuros clientes por parte dos vendedores.

Contrate alguém especializado em comunicação por *e-mail* (textos que vendem), que possa ensinar aos vendedores a redigir *e-mails* comerciais que mostrem os benefícios dos produtos, para treinar a equipe. Mas faça-o logo!

Podemos afirmar que quase cem por cento dos negócios são praticamente fechados por *e-mail*. Não ache que não vai funcionar para o seu negócio. Funciona para qualquer negócio, por isso a comunicação por *e-mails* cresce a cada dia.

Mas não deixe de ter os *e-mails* atualizados de seus clientes ou futuros clientes. Conforme expusemos na ocasião do primeiro caminho, a alavanca, ter na base de dados o *e-mail* dos clientes é fundamental. O item número um de uma base de dados é o *e-mail* direto do cliente.

E já estamos na super era do WhatsApp. Muito útil para você perguntar: "Posso te ligar? Viu o *e-mail* que te mandei?".

Ou se colocar à disposição: "Tudo providenciado como combinamos, estou aqui 24h à disposição".

Use rápido, curto e sempre com algo de alto interesse do cliente. WhatsApp, *e-mail*, celulares não são como o *slogan* antigo do famoso "mate Leão": use e abuse. Use com sabedoria e não abuse da impulsividade.

Pense antes de usar o segredo das mídias e redes sociais.

No processo de recrutamento e de seleção, procure fazer uma entrevista com o candidato por *e-mail* também. Isso mesmo. Embora possa parecer um tanto absurdo, hoje em dia, quando estamos recrutando vendedores para a empresa, além da entrevista pessoal, fazemos também uma entrevista por *e-mail*. Marcamos uma hora com o candidato. Nesse horário, o candidato faz uma entrevista por *e-mail* com o gerente de vendas. O gerente faz várias perguntas por *e-mail* a fim de saber como está a escrita do candidato. Pode pedir, por exemplo, que o vendedor fale sobre os benefícios do produto que vendia ou venda. Nesse tipo de avaliação, podemos tirar uma base de como seria a comunicação do vendedor com o cliente.

Não podemos abrir mão da qualidade da escrita hoje em dia, uma vez que ela representa 90% dos contatos com os clientes. Daqui para a frente, faça uma entrevista por *e-mail* com todo novo candidato a vendedor que for entrevistar. Você terá grandes surpresas em relação a esse tipo de entrevista; com certeza, terá um quadro de vendas bem mais preparado. Implante como regra geral daqui para a frente na empresa, junto ao departamento de Recursos Humanos ou com quem cuida do recrutamento e seleção, que você, como gerente de vendas, gostaria de entrevistar os possíveis candidatos por *e-mail*. A princípio, alguns não darão valor a isso, mas com o tempo você verá que esse detalhe fará grande diferença.

Existem *e-mails* que viram luxo e outros lixo.

Pense na outra pessoa. Empatia, *rapport*. Descubra algo iluminado da outra pessoa e traga isso a sua mente. Para vendermos algo para alguém, primeiro precisamos "comprar" esse alguém. Luxo ou lixo. Avalie os seus *e-mails*!

No sexto caminho para criar uma poderosa força de vendas humana, criar é a palavra-chave. Criar argumentos, perguntas, efeitos manuais, visuais, auditivos, cinestésicos; dar nomes às campanhas; oferecer um plantão jurídico para otimizar o tempo dos vendedores; encarar de frente as vendas pela *Internet*; estudar todas as formas de vendas, da campainha ao clique – todos esses itens são componentes significativos de seu sucesso comercial.

A criação é um estado mental. É essencial num quadro de vendas em que os objetivos, os grandes desafios, sejam motivadores e em que pareçam factíveis. As metas precisam ser audaciosas, espetaculares, dignas do nível de superação das pessoas da equipe, mas também devem ser sustentáveis. Se a emoção movimenta, é a razão que orienta. O clima empresarial, a alegria e o vigor da energia dominante é que dão o ritmo da operação comercial. Sem alegria, não pode haver área comercial saudável. Sem alegria, não existe a ética. Sem ética, não há estudo, conhecimento, evolução, E, sem isso, não conseguiremos trabalhar com amor. Orgulho por seu trabalho e orgulho pelo trabalho dos vendedores é a maior criação à qual podemos nos dedicar para termos a tão desejada e poderosa força de vendas humana.

As *start ups* de sucesso, como a Sambatech, por exemplo apresentam um extraordinário caso de talento de vendas. Gustavo Caetano, considerado uma das mentes mais inovadoras do país. Porém, se tiver oportunidade converse com ele, e, ao ouvir, você irá se surpreender com seus fundamentos de vendas, de prospecção, de ousadia, de criatividade e de competência para estabelecimento de confiança nas relações. Sem dúvida, por trás de uma grande *start up*, existe um grande líder e vendedor.

Estudos feitos pela consultoria Deloitte e pela Universidade de Austin, nos Estados Unidos, detectaram quais são os três fatores de sucesso das empresas lucrativas que superaram o tempo:

1. inovação;
2. vendas;
3. as duas anteriores.

Inovação precisa para não parar no tempo.

Marketing como um sistema de atração e retenção de mercados.

E vendas, sem o que nenhuma das anteriores se realiza.

ARREBATAMENTO
o sétimo e último caminho 7

> "Os homens que praticamente sozinhos criaram o mundo cientificista deverão aceitar que, nos novos tempos, o esforço coletivo tenda a ser mais feminino do que masculino, no sentido de que é menos racional e mais intuitivo, menos normativo e mais espontâneo e sinérgico, menos autoritário e mais solidário."
>
> **Flávio de Toledo**

Arrebatamento é o ato ou efeito de arrebatar-se. É um ataque repentino. É sentir-se extasiado enlevado, transportado, inflamado, entusiasmado, maravilhado. Para tanto, são necessários arrojo, ímpeto, excitação. A sedução é arrebatadora. Uma força de vendas precisa estar arrebatada, entusiasmada, inflamada, para poder arrebatar os sonhos dos clientes. Nós, vendedoras e vendedores, como arrebatadores de sonhos.

Como recrutar e arrebatar talentos o tempo inteiro? Como manter os corações da força de vendas humana arrebatados, como vender para dentro da empresa e arrebatar a vontade de todos os funcionários, dos fornecedores? O arrebatamento, o deixar-se dominar pelo êxtase do orgulho pelo seu trabalho, pelo sucesso da equipe, pelo imenso prazer de fazer muito bem-feito tudo o que precisa ser feito – trata-se do sétimo e último caminho, no qual damos o sopro divino.

É a vida. O sentido, o significado. As razões pelas quais trabalhamos e vendemos. Ter uma missão, visão e valores da força de vendas é um ponto importante. Mas esses documentos não podem ser feitos de cima para baixo ou de fora para dentro. Precisam ser erigidos de dentro para fora; da base para o alto comando; precisam ser para valer.

Veja uma missão bastante interessante que encontramos em certa área comercial:

Missão: cumprir as estimativas de vendas diluídas numa base cada vez maior de clientes aumentando a segurança da empresa e a exequibilidade do cumprimento das metas.

Visão: receber a avaliação número um por parte do universo de clientes e *prospects*, e ser a mais temida pela concorrência.

Valores: praticar vendas sustentáveis. Honestidade interna e externa. Cada vendedor, um guerreiro. Ninguém vende sozinho. Crescer como seres humanos e como profissionais.

***

Em relação ao arrebatamento, vimos o exemplo de uma empresa que toda manhã abria a organização com uma banda de *rock*, no outro dia samba, pagode, sertanejo. Já vimos a empresa incluir a família nas premiações e estímulos. Vimos poderosas e espetaculares convenções comerciais, bem como planos de incentivo criativos.

Porém, o que mais chama nossa atenção é quando o diretor de vendas instala a base, o gabinete, sua estação de trabalho no meio da sua gente. Quando é o primeiro a chegar e o último a sair. Quando conversa com todo mundo e respeita todos, e também se faz respeitar. Sabe ficar enfurecido nos 10% do tempo em que é importante saber gritar, e saber ser doce, afável na grande parte do tempo, aderindo à nova forma de comandar, que é por meio do coração, a fim de abrir caminhos que levem à mente.

O arrebatamento está presente nas entranhas da empresa; num sistema de comissionamento e de demonstração das contas claro e cem por cento correto; na justiça com que todos são tratados; no valor humano que é transmitido e, o principal, no foco que é dado aos pontos fortes da força comercial.

O arrebatamento é vontade convicta de envolver e de entusiasmar a força de vendas humana, de torná-la superior.

Relacione-se com seus pares e saiba vender para dentro da empresa

O dirigente precisa ter a lúcida consciência de que seus pares, os demais gestores da empresa, são fundamentais para seu sucesso em vendas. A antiga frase "Vender a primeira vez é fácil, a segunda é mais difícil" tem sentido. A segunda venda vai depender da experiência de compra do cliente, e isso não é possibilitado exclusivamente pela força de vendas. É a empresa inteira que vende junto: o sistema de crédito e cobrança, a entrega, a distribuição, a logística; a assistência técnica, a qualidade do produto, o nível dos prestadores de serviços. O dirigente precisa tanto vender para fora quanto para dentro da empresa. Isso representa coordenar, acompanhar e entusiasmar seus pares de outros departamentos, para que estejam todos reunidos e unidos em prol da venda.

Aqui, o campo teórico e dos estudos é significativo para o dirigente. Um programa de especialização em administração de empresas, de preferência com ênfase em *marketing*, é muito importante. É necessário que o gestor comercial saiba como a área de finanças atua e como é avaliada, que conviva com a engenharia e a produção. Que entenda que ele tanto é cliente interno quanto fornecedor – vender é ser fornecedor no sentido das metas de vendas, na planificação das vendas dia a dia, mês a mês. Isso facilita o desempenho das demais áreas. Seus pares querem ter sucesso, ser bem avaliados. Você, em vendas, precisa compreender que pode ser visto ou não como um elo para o sucesso de seus pares. Da mesma forma, seus pares são essenciais para seu sucesso em vendas.

Estudar e estar atualizado com a administração da empresa, com o *marketing*, os recursos humanos e o planejamento estratégico, além de TI, distribuição e gestão do *brand*, bem como com o valor das marcas, passa a ser uma demanda natural para o gestor de vendas. Observe, leitor, que as demandas sobre essa nobre função são estimulantes para incitá-lo a estudar mais, a conhecer mais. Sua missão é ser um competente generalista sobre todas as outras áreas. Ninguém vai lhe pedir que conheça mais de finanças do que o gerente financeiro, e que conheça mais de TI do que o gerente de informática. Porém, é preciso ter bons conhecimentos genéricos para poder dialogar com seus pares, entendê-los e fazer-se entender. Como especialista, é seu dever conhecer o planejamento de vendas, os sistemas de apoio e suporte, o lado da gestão humana e dos comportamentos e a realização das metas comerciais conforme o plano negociado e assumido. Você também é um *designer*: reúne elementos espalhados e os conjuga num processo.

Algumas dicas importantes nessa arte de vender para dentro da empresa são:

- Convide seus pares para visitar clientes.
- Traga clientes para visitas na empresa.
- Peça a seus pares que prepararem apresentações das respectivas áreas para os clientes.

- Convide seus pares para estar com você nas convenções de vendas.
- Apresente problemas e oportunidades de vendas a eles.
- Peça sempre ajuda e apoio de seus pares nas vendas.
- Planeje antecipadamente com o gerente de crédito e cobrança a análise do crédito dos clientes, para evitar desperdício de esforços não aprovados por falta de crédito.
- Não critique nunca os demais gestores para a equipe.
- Não permita que a equipe fale mal das demais áreas; isso se torna um vício.
- No caso de uma área não estar colaborando, visite o gerente. Converse de forma gentil. Procure negociar e chegar conjuntamente a um acordo de intenções e de ações.
- No caso de uma legítima incompatibilidade de metas entre a sua área e uma outra, não leve para o lado pessoal. Nunca. Os conflitos internos costumam ser, também, resultado de desconexões entre metas e estratégia, vindas da própria presidência. Converse com seu par e procurem descobrir, juntos, os eventuais aspectos antagônicos das metas. Por exemplo, um diz que sua meta com a presidência é risco zero em crédito. E você diz que sua meta com a presidência é de expandir em 20% a base de clientes novos. Aparentemente, temos aí um caso de conflito na raiz. Assuntos assim devem ser esclarecidos e jamais se transformar em brigas pessoais entre os profissionais. Fuja disso. Ninguém sai ganhando; torna-se um perde-perde.

Na venda para dentro da empresa, não se esqueça nunca de que a primeira venda a ser feita é para você mesmo. Você precisa comprar o desafio, o objetivo de vendas; comprar o que vai vender e desenvolver bons argumentos, tanto racionais quanto emocionais.

A segunda venda mais importante é a que você faz para toda a equipe. É necessário que seus vendedores e supervisores a comprem também. E a terceira venda mais importante antes de sair para vender é para a empresa inteira, para que a telefonista, o motorista, o cobrador, o operário, todos façam parte desse esforço de venda.

O pessoal de bastidor

O arrebatamento exige criar um comprometimento empresarial total. Seria bom você entender que sua equipe não são apenas os vendedores, mas sim os que estão por trás deles também. Referimo-nos a assistentes, *telemarketing* etc. Todos compõem a sua equipe. Você lidera um grupo, e todos têm de ter em mente que também são vendedores, mesmo que não preencham pedidos, contratos; mas, de certa forma, são também vendedores.

Uma das formas que conhecemos e implantamos para deixar as pessoas dos "bastidores" atentas, ou melhor, motivadas, é revelar-lhes o faturamento da empresa. Isso mesmo: revele o faturamento da empresa a elas; deixe que saibam quanto a empresa fatura. É importante que todos recebam o mapa de vendas logo cedo e tomem conhecimento de quanto a empresa faturou até aquele momento e de quanto é o faturamento mínimo para que todos tenham seu emprego em dia.

O pessoal que fica nos bastidores, na maioria das vezes, não sente a importância que tem para o negócio. Você, como gerente de vendas, deve envolvê-los. Não estamos dizendo para revelar lucros; essa é uma decisão sua; mas pelo menos o faturamento pode ser revelado.

Faça uma reunião com a equipe de vendas e o pessoal dos bastidores e mostre qual é a meta e o que é preciso ser feito para chegar a ela. Não despreze o pessoal de bastidor; não deixe que essas pessoas sejam consideradas sem importância. Na maioria das vezes, elas interagem com os clientes: pode ser a pessoa da cobrança, do atendimento, ou quem quer seja, que fará um atendimento frio por não ter sido lhe dada a devida importância.

> "O ser humano deve ser útil a muitos. Se não, a poucos. Se nem a esses, aos mais próximos, ou então a si mesmo. Mas não existirá valor se não souber servir nem a si mesmo."
> **Sêneca**

Os sábios não podem desprezar os maus, por que em todos os tempos as condições morais são quase sempre as mesmas.

Para conduzir pelo bem um líder, é preciso ter consciência das forças e fraquezas humanas.

Desde Caim, que matou Abel por inveja, as tragédias gregas, os textos de Shakespeare, parecem atualíssimos. Portanto, liderar uma força de vendas humana compreende aprender sobre o mal e o bem. Maus e bons.

Onde está a maioria? No bem e nos bons. Quando o mal vence? Quando quem está no comando, por incompetência ou fraqueza de caráter, assim o permite.

Um grande chefe que tive no passado me dizia: "Em todo lugar, você poderá encontrar pessoas de má índole. Não julgue por isso, preste atenção naquele que está na liderança. Esse sim define tudo".

Liderar uma força de vendas humana compreende aprender sobre o mal e o bem. Maus e bons.

Pessoas como essas são nossos vendedores também; fazem parte da equipe. E, quando o cliente não está tratando com o vendedor, e sim com outra pessoa da empresa, precisa ser bem atendido.

Daqui para a frente, fique atento a como a maioria dos clientes interage com as pessoas dos bastidores. Será que elas atendem os clientes de maneira "comercial" quanto ligam para a empresa?

Será que, ao terminar o atendimento, os clientes pensam: "Nossa, que atendimento bom"? A maioria desempenha sua função normal, ou seja, atende um cliente de maneira comum. Poucas são as que os atendem de forma empreendedora. Cabe a você, gerente de vendas, despertar esse lado nessas pessoas. Outra forma é colocá-las também dentro da premiação. Você não imagina quanto é importante essa iniciativa! Às vezes, cem reais se tornam uma fortuna em termos de motivação.

Temos por hábito colocar uma premiação na empresa para as pessoas que estão lá atrás tomando conta de nós. Estude uma forma de recompensá-las. Por exemplo, estipule um prêmio sobre o faturamento alcançado no mês. Como dissemos antes, o mapa de vendas ou de produção tem de estar na mesa de todos logo cedo. O faturamento é algo sagrado na empresa, por isso insistimos que você o mostre a todos.

Não cometa o erro de esconder o faturamento. Não sabemos qual o tamanho da sua empresa, se é familiar, multinacional, ou se só há você na empresa, mas, se puder, mostre o faturamento a todos. Há um ditado que diz: "O padre não começa a missa sem ter a Bíblia nas mãos". Dizemos o mesmo a você: "Não se pode começar o dia sem o mapa de vendas nas mãos; e, de preferência, nas mãos de todos!".

Você já experimentou atender a si mesmo como se fosse um cliente da sua empresa?

Como estabelecer prêmios arrebatadores

Seja inteligente na questão de premiação dos vendedores. Mude a forma de premiar a equipe de vendas. Você parou para pensar que quem ganha os prêmios são sempre os mesmos? Pois é... Na maioria das vezes, os primeiros colocados são sempre os mesmos. Se há algo que deve cuidar logo ao assumir a equipe de vendas é a questão dos prêmios. Preste bem atenção daqui para a frente e perceberá que os primeiros são sempre os mesmos.

Se tem a intenção de motivar toda a equipe com um prêmio agressivo para o primeiro lugar, esqueça! Todos já sabem quem são os favoritos, ou seja, aquele grupo do meio nunca conseguirá ganhar, e, o que é pior, o prêmio começará a ter sentido contrário; ele trabalhará contra você. Surgirão comentários do tipo "Está vendo? É o Fulano quem vai ganhar; sempre ganha todas".

O prêmio acaba sendo um fator motivacional somente para os que estão no nível 1. Não deixe os prêmios trabalharem contra você; não coloque um megaprêmio para o primeiro lugar da campanha.

O prêmio tem de ser uma alavanca para todos e não apenas para alguns. Estabeleça dois ou três tipos de premiação para que o pessoal do meio tenha chances também. Dessa maneira, você estará fortalecendo a equipe como um todo. Você pode até colocar um megaprêmio para os primeiros se debaterem, porém precisa ter uma premiação para a turma do meio. Eis o segredo para ter todos motivados. Vários têm a chance de ganhar, não apenas os favoritos. Ficamos imaginando quanto as empresas perdem, por exemplo, dando uma viagem ao primeiro lugar! Isso será válido e funcionará apenas para o primeiro colocado. No entanto, se você fortalecer a turma do meio com um prêmio para ela também, aí sim o quadro de vendas ficará todo fortalecido.

Lembre-se de que toda premiação deve ter regras claras e explícitas, para que não crie polêmicas. E também não crie prêmios cujas metas sejam inatingíveis; prêmios em que se precisa ir à Lua ganhá-los, o que acaba sendo um fator desmotivador. Conhecemos vários gerentes de vendas que estipulavam prêmios grandiosos, porém com metas inatingíveis. Em casos assim, o prêmio começa a trabalhar contra você também. E o que mais desmotiva é o gerente de vendas querer "vender" para a equipe a ideia de que é fácil cumprir a meta para ganhá-lo. O gerente diz algo assim à equipe: "E aí, pessoal, vamos ou não cumprir a meta?". Isso mata qualquer um.

Estabelecer metas em cima de premiação também é uma competência do gerente. Na verdade, quando se tem um prêmio, também se tem uma meta que deve caminhar junto.

Outro detalhe ao qual você deve ficar atento é quanto ao prazo da campanha para a premiação. Se você coloca um prazo longo, por exemplo, uma campanha de seis ou 12 meses, e algum vendedor dispara na frente e é praticamente impossível alcançá-lo, o prêmio também trabalhará contra você, porque, para os demais, perderá toda a validade. Entre ter uma campanha longa e uma curta, prefira as curtas; elas têm impacto maior e trazem mais retorno.

Enfim, a premiação é algo que tem de ser constante, porém bem administrada. Nossa capacidade de criar prêmios estimulantes e envolventes pode ser arrebatadora ou, ao contrário, ser encarada com desânimo.

Como recrutar e selecionar vendedores

No quinto caminho para criar uma poderosa força de vendas humana, abordamos a inclusão.

E, na ocasião, falamos naquele capítulo de novas ferramentas de auxílio à decisão, como o PI (*Predictive Index*). Fizemos um trabalho completo da Arquitetura Humana, na organização que dirigimos, e o estudo revelou-se muito rico na orquestração das equipes, na formação de líderes e na orientação do recrutamento e da seleção.

Recrutar, atrair e arrebatar vendedores é cada vez mais difícil numa sociedade em que "ganhar dinheiro à moda antiga", ou seja, "trabalhando", pode ser visto como "fora de moda". Em outras palavras, precisamos ampliar consideravelmente nossas buscas, sem preconceito de classe social, formação escolar, origem e experiência anterior ou não.

Mantenha na empresa, de forma permanente, um núcleo de formação e de desenvolvimento de novos vendedores, como se fosse uma base de juniores, para identificar talentos para promoção. Preste atenção a todos os funcionários a fim de perceber os que tenham de fato vontade de vender. Seja um permanente arrebatador de talentos, onde quer que vá. Num estacionamento, na rua, numa loja, na praia... persiga sempre quem tem atitude. Com base nessa atitude, as pessoas podem descobrir aptidões interiores desconhecidas. Conhecemos uma empresa na Europa que mantém um centro permanente de recrutamento funcionando. Selecionam muitos candidatos e fazem um contrato de experiência. Esses candidatos vão trabalhar em mercados periféricos e sem importância para a companhia. Os que conseguem reunir as melhores atitudes e atos concretos de superação são os escolhidos naturais para receber os investimentos seguintes da empresa. Os outros são dispensados, mas recebem um diploma de participação no programa de talentos em vendas da companhia. É genial. Recrutar não termina nunca.

Talvez você tenha um departamento de Recursos Humanos que faça contratações para você, mas, ainda assim, você tem de rever esse processo. Recrutar é tarefa para poucos. Descobrir o método correto também é difícil. O ideal é tentar errar o menos possível. Claro, se você pudesse, contrataria um *headhunter* (caça-talentos) e buscaria os melhores do mercado, mas, mesmo assim, você ainda poderia errar.

Certifique-se sobre o histórico do caráter do profissional. Faça levantamentos da vida financeira e seu histórico na sociedade. Já vivemos surpresas inimagináveis contratando para a alta gerência pessoas que tinham um passado tenebroso do ponto de vista do caráter e da ética.

Zona de conforto: a inimiga número um do arrebatamento

Você precisa arrebatar todo mundo na empresa. E o pessoal acomodado, que gosta de conforto e repouso, é o alvo mais difícil de atingir. Com gente na zona de conforto, você terá uma força de vendas humana lenta, vagarosa e cheia de fraquezas. Vai dar vontade até de bocejar ao olhá-la. É como pilotar uma carruagem puxada por tartarugas.

Talvez um dos assuntos mais delicados com que você terá de lidar ao assumir a gerência de vendas é lidar com as pessoas que já estão há um tempo na empresa. Não sabemos se a palavra ideal seria "veteranos", mas vamos chamá-los assim por ora. Os veteranos são as pessoas que já estão há algum tempo na empresa e que, de uma forma ou de outra, já têm uma história dentro dela. Acreditamos que essas pessoas fizeram algo pela empresa, mas algumas delas podem estar na zona de conforto.

Esse é um assunto delicado, mas com o qual você tem de lidar logo, principalmente se sua equipe for grande. Zona de conforto é um termo usado no mundo inteiro, mas poucos gerentes têm coragem de tratar dele com os próprios vendedores. A maioria fica um pouco receosa, em particular, quando tem de tratar do assunto com os "veteranos". Mas você deve encarar de frente esse desafio. Identifique na equipe quais são os veteranos (é um critério que vai depender do que você considera um "veterano". Pode ser tempo de casa, por exemplo, mas há também outro tipo; você verá adiante). Converse individualmente com eles. Relembre o histórico dos veteranos, o que já fizeram na empresa, como são importantes e o que você espera deles. Não deixe esse momento para depois. Faça isso logo após sua chegada ao departamento.

Contudo, um lembrete: os maiores problemas que você terá virão dos chamados veteranos. Na maioria das vezes, há certa rejeição ao novo gerente de vendas. E eles vão procurar mostrar seu valor, por vezes se considerando melhores que os gerentes. Trata-se de algo normal; o que não dá é para achar que não vai ocorrer com você. A resistência ao ser humano é algo natural dentro das empresas. Você terá pessoas a seu lado que gostariam de estar onde você está.

Não ache que todos vão jogar a favor de você. Mas você tem de ser cem por cento profissional nesse jogo, que é um jogo de resultados. E, para que os resultados aconteçam, você precisa do time. Não há outro caminho. Se quiser se comparar a um técnico de futebol, verá que muitos não se dão bem porque não têm a equipe nas mãos. E, para ter a equipe nas mãos, em primeiro lugar você tem de manter os elementos-chave da equipe a seu lado.

Esteja certo de que alguns membros da equipe estão na zona de conforto. Trata-se também de algo natural, embora você não possa admitir essa situação. Conforme falamos antes, trabalhamos em empresas nacionais e multinacionais, e hoje somos empresários. Em todos os lugares, deparamo-nos com veteranos já acomodados. Alguns estão no que chamamos "Ninguém tem coragem de mexer comigo". Note bem: você precisa do veterano. Ele conhece o caminho, o produto, os clientes, além de ser responsável por treinar os novos vendedores. Mas um veterano na chamada zona de conforto é um péssimo negócio. Não deixe isso acontecer.

Mexer com as pratas da casa dá trabalho, mas é algo que você deve enfrentar, de preferência agora. Não deixe para amanhã esse tipo de conversa. O veterano tem de trazer resultado para a empresa, tem de estar ativo. Jamais ceda seu espaço, jamais permita que veteranos influenciem suas decisões. Mas não se esqueça de que você precisa do conselho deles. Em todas as equipes campeãs, o trabalho dos veteranos é fundamental.

Jamais esqueceremos a frase de um grande diretor de vendas com o qual trabalhamos: "Prefiro o entusiasmo do despreparo ao tecnicismo do 'veteranoide'". É a pura verdade. Dos vendedores novos você já sabe o que esperar – apenas trabalho. Os maiores problemas de comportamento que haverá na equipe virão dos veteranos.

Claro, caro leitor, não podemos generalizar nunca na vida. Quando falamos aqui de veteranos na zona de conforto, não se trata de uma generalização. É a constatação de um porcentual, de uma parte de pessoas que, após chegar a determinado estágio, apenas decide parar. E, como são importantes demais pelo que representam nas metas, o mal que podem causar é significativo. Por outro lado, uma das vendedoras mais espetaculares que conhecemos foi a dona Raquel, uma mulher com mais de setenta anos simplesmente imbatível. Jamais perdeu uma campanha de vendas, do começo ao fim da carreira. Hoje, dona Raquel, com certeza, continua vendendo muito lá do céu, tendo em vista a grande pessoa e profissional que sempre foi.

Os veteranos não são necessariamente aqueles com idade física avançada; há os veteranos de espírito – profissionais que decidem estacionar bem no meio da autoestrada. Há os veteranos de espírito que decidem ficar sentados à beira do caminho, quando você mais precisa de guerreiros para abrir caminhos e fazer a nova jornada.

A lei é o líder.
O líder é a fonte da energia.
O líder movimenta.

***

Juventude, resiliência, alegria, espírito de criança em alma adulta: eis os elementos mais sagrados para mover e arrebatar clientes, mercados, concorrentes, realizando, assim, o bom enfrentamento dos grandes desafios dos negócios e da vida.

Mulheres e jovens, as novas forças humanas em vendas.

A *performance* média das mulheres em vendas é superior à *performance* média dos homens. Essa afirmação é resultado de experiência concreta em vendas, que exercemos por muitos anos, e hoje corroborada por pesquisas internacionais. As mulheres atuam com um fortíssimo poder de foco, essencial para vendas. Mulheres vêm com uma força íntima poderosa de superação. São ousadas. Trazem consigo a força da empatia de saber se colocar no lugar do cliente. E ao mesmo tempo atuam com grande tônus vital.

Por outro lado, liderar uma força feminina de vendas exige muita dedicação e, sem dúvida, passar a gostar muito de discutir as relações. Mulheres são intolerantes perante uma percepção de injustiça. Mulheres podem cooperar e trabalhar unidas de forma espetacular, mas se a liderança não souber construir uma equipe cooperativa, o ambiente pode ficar insustentável e uma competição predadora pode tomar posse da equipe, com pessoas prejudicando umas às outras.

Hoje, não temos dúvida em recomendar: uma equipe de vendas precisa ter mulheres. Alguns dizem que elas não são melhores. Dizemos que grandes vendedores homens e mulheres fazem ambos parte de um grupo especial de seres humanos. Porém, a diversidade, os diferentes, são de grande importância para uma legítima força de vendas humana.

E os jovens? Assim como no futebol, precisamos olhar, e preparar esses jovens desde cedo. Nas escolas de nível médio, já iniciamos agora trabalhos voltados a preparar essas meninas e meninos para as carreiras e o empreendedorismo. Um líder não nasce pronto, um vendedor não nasce pronto. Mas, seja o que for que essa pessoa irá fazer, para ter sucesso precisará de liderança e de vendas.

E, nas nossas empresas, com ou sem fins lucrativos, vendas a diferença dentre todas as diferenças.

Crie estágios e transforme a sua área de vendas numa verdadeira escola de executivos e executivas.

E vai aqui a última experiência deste livro. Os 8 Cs dos grandes líderes de vendas, para o arrebatamento das forças de vendas humanas.

Construa um firme caráter e não haverá destino que não possa ser superado.

Vendas é superação.

OS 8 Cs iniciam com:

CORAGEM: a vida sempre será plena de incertezas e obstáculos. Vendas é uma área repleta de fatores incontroláveis. Sem coragem para enfrentar a vida, desistimos. Sem coragem para lidar com o improvável e o incerto, jamais seremos grandes vendedores.

Sem coragem, começa o drama humano. Covardes não confiam em si mesmos. E ao não confiar em si temem a vida, procuram se esconder.

Então, o segundo C é **CONFIANÇA**: a ausência de confiança em si próprio causa o terceiro obstáculo para o sucesso de um vendedor. Se não confia nele mesmo, não vai confiar nos outros, logo não compreende o poder da cooperação.

O terceiro C é **COOPERAÇÃO**: nada faremos sós. A primeira venda até posso fazer sozinho; a segunda jamais. Dependerei de toda uma equipe e de todas as áreas da empresa. Logo cooperação. A partir desse terceiro C, vamos ao próximo, pois sem cooperação não criamos.

Criação é a diferença da sua empresa, sua arte de venda. **CRIAÇÃO**: o quarto C de um grande líder de vendas. Ensina a coragem, a confiança a cooperação e o poder criativo como um time.

Daí nasce o quinto C – **CONSCIÊNCIA**: aprendemos que é possível vencer, superar, criar. Ao nos apropriarmos disso, atuamos com o poder da fé pensada, e partimos para o grande momento de uma força humana de vendas.

CONQUISTA: o sexto C. Não pode haver dúvida. A dúvida mata antes. Vendas é atividade e exige a atitude da conquista. Conquista se faz com fé. Ausência de dúvida.

Conquistamos, parabéns. Precisamos parar para corrigir.

O sétimo C é **CORREÇÃO**: ao refletirmos; analisarmos, desenvolvermos a autocrítica, corrigirmos os erros. Nessa hora, forjamos o oitavo C.

CARÁTER: e ao construirmos o caráter, seremos tomados por um modelo decisório automático e inconsciente de construção de destinos, e então poderemos afirmar:

"Nunca duvide do seu destino, e é proibido ter medo".

Afinal somos guiados pelo líder dos líderes, aquele que lidera o líder: o bom caráter.

Coragem. Confiança. Cooperação. Criação. Consciência. Conquista. Correção. Caráter.

Sete caminhos
Sete revelações
8

Cristóvão Colombo descobriu a América, mas foi Américo Vespúcio quem a vendeu para o mundo. O continente levou seu nome.

Os caminhos citados aqui não se fecham, mas abrem novos caminhos. Cada um deles oferece um largo e profundo desvendar. A nossa poderosa força de vendas humana é humana, começa por nós mesmos. É iniciada dentro de você, caro leitor amigo. Vendas é autodidatismo. É aprender com a vida real, trazer realidades para reflexão, servir-se do conhecimento de todas as demais áreas das ciências, das artes, do esporte (afinal, não existem mais jogadores de futebol, são todos vendedores!).

Este capítulo não é um final; é um começo, uma proposta de desvendamento.

Os sete caminhos para se criar uma poderosa força de vendas humana são:

1. Alavanca.
2. Mensuração.
3. Encorajamento.
4. Realização.
5. Inclusão.
6. Criar.
7. Arrebatamento.

Os sete caminhos iniciais, na vertical, formam a palavra América. O continente americano só foi descoberto quando os navegadores de dom Henrique se ofereceram para ir além de onde os europeus haviam chegado. Aqueles ousados e intrépidos "vendedores" trocaram a segurança do Mediterrâneo pelo arrebatamento das descobertas do mar. Foi necessária uma nova arte de navegar, uma nova indústria, além de novas lideranças e um grande desafio: fazer o comércio com as Índias por uma rota nova. Um drible no já existente. Uma superação gigantesca. Camões dizia: "Quem não quer a guerra faz comércio". Negociar, vender, trocar sempre estiveram na alavanca do progresso humano.

O navegador português foi o primeiro a descobrir o, à época, chamado Cabo das Tormentas, no sul da África. Era uma imagem tenebrosa de mortes e impossibilidades.

Imediatamente, o rei de Portugal D. João II mandou trocar o nome para Cabo da Boa Esperança.

Assim são os líderes. Criam um novo foco de esperança onde só havia monstros e naufrágios.

Cristóvão Colombo não conseguiu vender sua ideia para o reino português. Mas vendeu para a Espanha. E descobriu a América. Entretanto, faleceu pobre e esquecido, acreditando até o fim da vida que havia descoberto uma rota da Europa para as Índias, pelo caminho do oeste. Só após a descoberta do Brasil, em 1500, ficou evidente que Colombo havia mesmo descoberto um novo continente. Mas ele próprio nunca soube muito bem onde esteve, para onde foi, de onde voltou.

Talvez a América seja, assim como Colombo, um exemplo rico do que significa o legítimo espírito de superação do vendedor. Não sabemos muito bem se conseguiremos vender, para quem iremos vender, como iremos vender. Não sabemos o que os concorrentes farão; desconhecemos as situações da economia, do câmbio. Não sabemos sequer o que pode mudar nas legislações.

A própria ciência e a tecnologia velozes e surpreendentes alteram o comportamento dos clientes. Além da competição direta, existe a indireta, cada vez mais surpreendente. Trabalhar em vendas não é algo normal. É coisa para navegantes, viajantes, exploradores. É o lado desbravador, impetuoso e arrebatador das organizações, tenham elas ou não fins lucrativos, não importa.

A alavanca é o que nos permitirá deslocar os desafios, ultrapassar obstáculos. É para onde dirigiremos nossa força, nosso foco. O ponto de apoio é a realidade que temos. O tamanho da alavanca é o que conseguimos reunir do lado de dentro e de fora da empresa. A força é a concentração dos movimentos, do ritmo da fé na liderança, em que todos puxam para o mesmo lado e juntos. Ninguém vende sozinho; pelo menos não pela segunda vez!

A mensuração é poder medir e estimular competências humanas. É o dimensionamento dos potenciais, a quantidade de PDTs (pessoas/dia/trabalho). A mensuração é conversar com números. Números que contam e podem ser contados: esses falam com o gestor. Mensuração é tratar de métricas saudáveis. A velocidade da campanha, os tíquetes médios, a penetração obtida, a inadimplência, os clientes que foram perdidos, o aumento das vendas sobre os clientes existentes, a diminuição das vendas, a segmentação das forças de vendas e o custo das forças comerciais, a frequência, a data da última compra e o volume das vendas para os clientes existentes, bem como as vendas cruzadas – tudo isso é mensurar para gerenciar.

O encorajamento é o que impulsionamos de vontade, de preparo, de autoconfiança, por meio de planos profissionais e de evolução humana da empresa. Certo dia, compramos ingressos para o cinema, para todos os vendedores, acompanhados dos respectivos maridos ou esposas. O filme era *A vida é bela*. Na segunda-feira, iniciamos o dia reunidos e tratando do que havíamos sentido ao ver *A vida é bela,* em que um pai salva o filho dos tormentos do campo de concentração. Foi emocionante e muito eficaz nos resultados das vendas. A razão orienta; a emoção movimenta!

A realização é a razão pela qual existimos. Vendemos. Transformamos as estratégias, o produto, o serviço, a logística e os sistemas em negócios fechados. Usamos, para tanto, o corpo físico, a voz, os sentidos, a sensibilidade, a intuição, a paixão, a persuasão, os valores, o caráter e o comprometimento. Existimos para realizar. O resultado é, por sua vez, efeito. Não nasce quando acontece; todo resultado nasce antes. Surge quando decidimos, quando tomamos a decisão interior de ir. Eu vou! O grande desafio nos motiva. Tomamos coragem, pedimos ajuda, preparamo-nos e partimos. As vendas são resultado de um processo gerencial e mental.

A inclusão trata de como somos incluídos e de como iremos incluir toda a rede de relacionamentos humanos que envolve a venda. Fazem parte da inclusão as regras, a disciplina da liderança. É um tratar vigilante das carências humanas e dos esforços no sentido de assimilar novas competências para servir e progredir num mercado cada vez mais exigente. A inclusão traz junto não apenas a área de vendas, mas também nossa capacidade de criar uma empresa que venda. Trata-se da inclusão do cliente; dos espaços de relacionamento, de experiências, vivenciais; das redes sociais na *Internet* – a inclusão é inserir a força de vendas num foco com sentido, missão, visão e valores. É criar equipe, time, confiança.

Criar talvez seja a parte nobre que separa a raça humana dos demais seres da natureza. Conseguimos criar, inovar, fazer diferente com as mesmas coisas à disposição. Podemos surpreender com uma palavra, uma ferramenta, uma roupa, um chapéu, um brinde, uma simples atitude. Conhecemos um grande vendedor que andava com balinhas Paulistinha nos bolsos. E por isso era abordado e reconhecido por todos no mercado: o vendedor das balinhas. Coisas simples, mas que ganham um caráter exclusivo. Criar a estimativa de vendas, vender a meta de vendas internamente, criar argumentos, a arte das perguntas, os materiais de apoio a vendas: sem a criação, a máquina não se diferencia das outras.

Arrebatamento, o sentido do êxtase, da tomada, da pegada. O engajamento de toda organização no encantamento dos clientes. O arrebatar de uma força de vendas, o entusiasmo. O clima, o ambiente, o recrutamento e a seleção arrebatadores. As premiações arrebatadoras. O cuidar do time do meio, para que não sejam sempre os mesmos a ganhar. Nada contra os campeões, ao contrário, mas sabemos que os supervendedores sempre representarão não mais do que 5% da força de vendas. É preciso cuidar do grupo intermediário. Eliminar a zona de conforto, o pessoal que decidiu parar. Ou você os arrebata para o alto ou eles arrebatam sua campanha de vendas para baixo.

Com os sete caminhos para criar uma poderosa força de vendas humana, você tem um código de procedimentos. Como vai misturar esses sete caminhos? Qual deles terá prioridade para você? Isso vai depender de sua realidade, do estágio de seu negócio. Pode ser que você precise muito do poder da alavanca agora. Pode haver necessidade de a empresa gerar produtos novos, serviços melhorados, consertar a logística, a administração. Pode ser que você já tenha tudo isso, e o que lhe falta seja o arrebatamento, o ataque surpreendente e fulminante. Ou então o que está faltando é a mensuração, ou ainda a inclusão: fazer com que a equipe se sinta parte do todo. Quem sabe o que você procura seja a criatividade: transformar o que você já tem em mãos em dicas, caminhos, ideias persuasivas. Porém, no final das contas, você e toda sua poderosa força de vendas humana serão julgados mesmo é pela capacidade de realizar. Chutar a gol. Trazer as vendas.

E como tudo isso começa? Você poderia indagar agora, ao final do livro.

O que podemos dizer é que começa pelo simples gesto do agradecimento. A melhor forma de começar é agradecer.

Estamos aqui, reunidos na leitura deste livro, e você tem uma meta concreta na vida: a de fazer acontecer uma área comercial em sua empresa. Trata-se de algo estimulante. Não existem truques nem leis de esperteza. Essas "pegadinhas" chamam a atenção, mas morrem depressa, com o passar do tempo. Acredite na ética, nas virtudes, na coragem, no bom caráter e na força interior que movimenta sua vida.

Aplique os sete caminhos e encontre, por meio deles, novos portais para o sucesso; descobertas que abrirão novos caminhos para você e sua equipe. Com o passar do tempo, o prazer que você sentirá vai ser imenso. Sucesso é muito mais que atingir e superar o desafio. Sucesso é tudo o que aprendemos enquanto abrimos o caminho e realizamos a jornada.

Eis aqui o melhor caminho de todos os caminhos, a revelação que dá início a todas as outras: faça.

O poder de fazer é a partida de todos os caminhos.

Numa tourada, o touro coloca o foco nos panos, no capote, e não no toureiro. Se fizesse o contrário não existiriam touradas.

Um cajado serve de apoio nas subidas e descidas das montanhas. O cajado representa a terceira perna, ou quem sabe, as asas da liderança. O cajado significa também não deixar gente para trás.

Não perder seu rebanho. Significa também saber

que líderes não existem para fazer o que os liderados querem, e sim fazerem juntos, aquilo que tem que ser feito.

O cajado nas mãos sábias define o rumo, o norte à condução de um povo. Uma equipe de vendas será sempre o reflexo do melhor de sua liderança.

O comandante James Lovell, da Apolo 13, disse a frase emblemática: *"Houston we have a problem"*. Um tanque de oxigênio explodiu e a catástrofe presente. Mas com a criatividade e preparo para as inexoráveis dificuldades trouxe a nave salva para a Terra. Isso é um líder.

O comandante Chesley Sullenberger decidiu aterrissar o seu jato com 155 pessoas no Rio Hudson, em Nova York, com voz calma e a convicção de que tudo daria certo. Ele estava preparado. Isso é um líder.

Dr. Macedo, do Einstein, um dos maiores médicos gastrenterologistas do mundo, me disse:

"Uma cirurgia comigo terá menos chances de os fatores incontroláveis interferirem".

Ele se preparou mais do que todo mundo. Isso é um líder.

Jaime Basso, presidente da cooperativa de crédito Sicredi de São Paulo, me disse:

"Crescemos 40% em um ano pela fé na possibilidade e qualidade da nossa equipe".

Crença no cooperativismo e na reunião de pessoas engajadas.

Isso é um líder.

Prestar atenção nas batatas. Assim uma líder mãe adotiva me ensinou. Um líder sabe aprender. (Tejon)

Adoro essa empresa, a Oesp, do Grupo Estado, mas preciso seguir a convocação do meu destino e criar a KLA. Isso é um líder. (Edílson)

Grande abraço leitoras e leitores,

Viva vendas, a profissão de todas as profissões.

Edílson e Tejon.

Uma equipe de vendas estará acima de todas as tecnologias. Sempre será humana.
Então, o que farei no futuro para não ser substituído por robôs? Venderei robôs!
Vendedores e vendedoras: uma profissão eterna e insubstituível.

A força de vendas é humana.

Bibliografia

BOYATZIS, Richard; McKEE, Annie. *Liderazgo emocional*. Barcelona: Ediciones Deusto, 2006.

BUENO, Eduardo. *A viagem do descobrimento*. São Paulo: Objetiva, 1998.

COBRA, Marcos; TEJON, José Luiz. *Gestão de vendas, 21 segredos do sucesso*. São Paulo: Saraiva, 2007.

FUTRELL, Charles. *Vendas, fundamentos e novas práticas de gestão*. São Paulo: Saraiva, 2014.

GREENBERG, Herb; SWEENEY, Patrick, *Succeed on your own terms*. USA. McGraw-Hill, 2007.

LAFLEY, Alan G.; CHARAN, Ram. *O jogo da liderança*. São Paulo: Elsevier, 2008.

LIMEIRA, Tania Vidigal. *E-marketing*. São Paulo: Saraiva, 2007.

MEGIDO, Victor; LUIGI, Mariano. *Brand imagination*. Novara: De Agostini Scuola, 2007.

PANZARANI, Roberto. *L'innovazione a colori. Um mappa per la globalizzazione*. Roma: Luiss University Press, 2008.

PENATI, Luigi. *Manuale del direttore vendite*. Milano: Franco Angeli, 1993.

ROSENWALD, Peter. *Accountable Marketing*. São Paulo: Thomson, 2005.

ROSENBLOOM, Bert. *Marketing channels*. USA: South-Western, 2013.

SIQUEIRA, Ethevaldo. *Revolução digital*. São Paulo: Saraiva, 2007.

SIEGEL, Daniel. *Mindsight*. São Paulo: Grupo Planeta, 2018.

SHETH, Jagdish; MITTAL, Banwari; NEWMAN, Bruce. *Comportamento do cliente*. São Paulo: Atlas, 2001.

TADEU, Alexandre. *Uma trufa e 1000 lojas depois*. São Paulo, Alaúde, 2010.

TEJON, José Luiz. *Pequenas empresas, grandes vendedores*. Brasília: Sebrae, 1995.

_____. *A grande virada*. São Paulo: Gente, 2007.

TEJON, José Luiz; SZULCSWSKI, Charles. *Administração estratégica de vendas*. São Paulo: Atlas, 2002.

TEJON, José Luiz; XAVIER, Coriolano. *Marketing & agronegócio*. São Paulo: Pearson, 2009.

TEJON, José Luiz. *Guerreiros não nascem prontos*. São Paulo: Gente, 2016.

TOLEDO, Flavio de. *Recursos humanos e globalização*. São Paulo: FTA, 1996.

WILSON, Larry. *Changing the game*. New York: Simon & Schuster, 1987.